シリーズ〈本と日本史〉③

中世の声と文字

親鸞の手紙と『平家物語』

大隅和雄
Osumi Kazuo

a pilot of wisdom

まえがき——中世を体現する本

一九四五年の春、私は最終段階に達した軍国主義教育を受けて、国民学校と名を変えた尋常小学校を卒業し、中学校に入学したが、四か月後に敗戦になり、総《すべ》てが混乱に陥った中で、占領下の中等教育を受けることになった。軍国主義は否定されたが、新しい教科書はなく、細かな指示の下、戦時中の教科書に墨を塗って使うことになった。墨を塗るだけで、書き換えの文章は示されず、筋が見えなくなり、主旨がわからなくなったのは、国史の教科書が一番ひどかった。

夥《おびただ》しい墨塗りの跡を見て、私はこんなに真っ黒にしなければならない教科書を書いたのは、一体どんな人なのかと思った。十三歳の子供の心に押された、非科学的な日本中心主義を鼓吹する「国史」に対する不信感の烙印《らくいん》は、その後いつまで経《た》っても消えず、自分で国史とは何かを考え、日本の歴史を確かめねばならないと思い込んでしまった。

一九五一年の春、新制高等学校を卒業して、新制大学の教養学部に入った私は、学生歴史学研究会というサークルに入った。歴史学研究会は、一九三二年に創立された民間の歴史学研究団体で、翌年に創刊された機関誌「歴史学研究」を中心に、皇国史観に対抗して歴史の科学的研究を推し進めていた。戦時中の一時期、活動停止を余儀なくされたが、一九四六年には再建され、機関誌も復刊して世界史的な視野に立つ研究を推進していた。

新しい歴史学が、戦後の人文・社会科学研究の先頭に立って、諸学問を牽引《けんいん》する役割を担うと自負する歴史学研究会は、多くの大学に学生支部を置き、学生歴研には多くの学生が集まって、学生運動の拠点にもなっていた。学生の間では、日本・東洋・西洋に分かれて、幾つもの読書会、研究会が開かれていたが、日本史に関心を持つ学生の間で、必読書のようにいわれていたのが、石母田正氏の『中世的世界の形成』(一九四六年)という本だった。

この本は、伊賀国《いがのくに》(三重県)の南部、奈良県に近いところにあった東大寺領黒田荘《くろだのしょう》の歴史を明らかにし、克明に記述した研究書で、東大寺文書の中に残されている黒田荘関係文書の解読を通じて、奈良時代に東大寺が、伽藍《がらん》建築の用材を伐《き》り出す山林として設定した領地が、平安時代中期以降、荘園として拡大していく過程を捉え、荘民と在地領主と東大寺の間で複雑な階級闘争が繰り広げられる中で、古代的なものが克服されて、中世的な世界が開けていくことを述べた本であった。

荘園文書を読み解き、突き合わせて社会の発展を実証していく、第一章から第三章までのこの研究書の本論は、新制大学に入学したてで、東大寺文書の読み方など知っているはずもない学生には、難解この上もない本だった。それでも、歴史研究を志す者の必読書だといわれて四苦八苦の後、第四章に入り、第二節「中世的世界」に辿《たど》りついたとき、一挙に目の前が開けたように感じたときのことは、六十五年経った今も忘れられない。

第四章第二節は、東大寺文書と黒田荘から離れて、世界史の中で、西洋世界以外で日本だけに、古代的なものを克服して、中世的世界が形成されたことを、山間の一荘園の歴史を辿ることで明らかにすることが、この本を書いた目的であったと述べられていた。その中世的世界は、領主制の発達を通じて生れる中世法の自覚の所産である「貞永式目」に見られるとされ、貴族文化を総合して高度な発展を遂げた物語を受け継ぎ、武士の活動を描き出した『平家物語』には、日本の中世文学の豊かな世界が現れていると述べられていた。

また、貴族社会が内包する諸矛盾を自覚的に捉え、現世を超えた世界への往生を説く浄土教が、貴族から庶民の間に広まり、人間のあり方を突き詰めた親鸞《しんらん》によって、中世の新しい仏教が生み出されたということが論じられていた。

シリーズ「本と日本史」の第三巻で、中世の本について書くことになったとき、私は石母田氏の『中世的世界の形成』の第四章第二節を思い出した。あれから半世紀以上の時が過ぎて、

「中世的世界」にこだわる日本史研究者は少なくなったが、中世の本について考えをめぐらせば、やはり石母田氏が挙げた「貞永式目」『平家物語』『歎異抄《たんにしょう》』を外すわけにはいかないように思った。

しかし、ここでは古代を克服して新しい世界を切り拓いた中世を考え、中世の人々の営為を読み取るというのではなく、むしろ中世を体現する本が、他の時代とは違って、中世にしか見られない作られ方の中で生まれ、享受されたことを、明らかにしたいと考えた。

仮名文字は、声に出して詠み上げる和歌を書くことで広まったと思われる。公的な文書は総て漢字漢文で書かれていたから、仮名は女性の文字となって、仮名によって贈答する和歌に添える短い文章が書かれ、宮廷の女房の間で、物語や日記、随筆が著された。やがて男性の間でも、仮名文字を使って和語和文を書く人々が多くなり、和文の中に漢語を取り入れることが盛んになり、さまざまな文章、文体の模索が始まった。

しかし、中世の社会では、漢字漢文の読み書きができるのは、貴族と僧侶だけで、それ以外の人々は無文字社会に生きていた。親鸞の教えは文字の読めない人々の間にも広まったし、琵《び》琶《わ》法師の語る『平家物語』を聞いた人々の中には、文字を知らない人たちがいた。無文字の武士も少なくなかった。

中世の文化は、漢字漢文に親しむ貴族や、経論を学び梵字《ぼんじ》まで知っている僧侶だけが生み出したわけではない。宮廷の文化は、仮名文字しか読めない女性によって支えられていたし、祭礼の歌や舞を担い、地方の歌謡を都に持ち込んで流行の旋風を起した人々も無文字の人々であったに違いない。無文字の社会に豊かな文化があり、活発な知的活動もあった。

文字のない社会では、ことばは声で伝えられ、記憶された。文字に書いて固定して、人々に読まれ、後世に伝えられる本は、中世では、無文字の社会の傍らで作られた。中世の本には、声の響きが残っている。それを聴き取る努力をしてみたい。

目次

図版作成／クリエイティブメッセンジャー

第一章　親鸞《しんらん》の著述

第一節　主著『教行信証《きょうぎょうしんしょう》』

十九世紀の半ば以来、日本は近代化の道をひた走りに突き進んできたが、その社会変動の波にもまれて浮き沈みする人々の中には、親鸞の信仰と思想の中に心の拠《よ》り所を求め、精神的な危機から逃れようとして、親鸞に関する本を手に取る人が少なくなかった。清沢満之《まんし》、倉田百三《ひゃくぞう》、三木清、亀井勝一郎、野間宏、吉本隆明をはじめ、それぞれの時代のことばで親鸞を語ろうとする人物が現れ、吉川英治、丹羽文雄《にわふみお》、五木寛之などが語る親鸞の生涯の物語が、多くの人々の心を捉えた。

東日本大震災の後、親鸞に関する本の広告や紹介が新聞・雑誌を賑《にぎ》わせ、震災の年の秋には、法然《ほうねん》の八百回忌・親鸞の七百五十回忌を記念する、特別展「法然と親鸞　ゆかりの名宝」が東京国立博物館で開かれた。多くの参観者が、長蛇の列を作って館内に入り、現代に生きる自分を見つめなおそうとするかのように、親鸞自筆の聖教や手紙に熱心に見入っていた。

法然の弟子親鸞を開祖とする浄土真宗は、現代日本の仏教教団の中で最大の教団であるが、七百五十年前に、親鸞の教えと信心は、どのようにして人々の心を捉え、伝えられたのであろうか。

平安時代の末、一一七三年（承安三）に生まれた親鸞は、幼いときに比叡山《ひえいざん》に登って仏門に入ったが、二十九歳のとき、京都の六角堂（頂法寺）に参籠して夢のお告げを受け、山を下りて法然に帰依した。親鸞は、ひたすら法然の教えに従って念仏修行を続けたが、法然の周りにできた集団の活動は、南都北嶺《ほくれい》の寺院勢力から敵視され、比叡山や興福寺《こうふくじ》の要求に圧《お》された朝廷による弾圧を受けた。都を追われた法然は讃岐国《さぬきのくに》（香川県）に、親鸞も越後国《えちごのくに》（新潟県）に流された。四年後、法然が帰京を許されたとき、親鸞も流罪を解かれたが、京都には帰らず、東国に移り住んで、法然の教えを守り、念仏を広める活動を続けるようになった。

親鸞は、周りに集まった東国の武士や庶民と、阿弥陀《あみだ》如来の救いについて語り合う日々を送ったが、その間、自分自身は経典論疏《ろんしょ》（経典は教えの書かれた書物、論はインドの仏教哲学者が著した教義書、疏は経論の注釈書）に向き合って、信心の拠り所を確かめる努力を続けた。経論の中から、おのれの信心に関わる重要な章句を抄出し、経典の注釈書、インド・中国の高僧が書いた論著も広く参照して、浩瀚《こうかん》な手控えを作り上げ、親鸞自身が立てた独自の構想に従って、それを再編成する仕事を続けた。その、長い間の弛《たゆ》みなく続けられた精進努力の結晶が、『教行信証』という本である。

『教行信証』は親鸞の主著で、浄土真宗の根本聖典とされているが、詳しい書名は『顕浄土《けんじょうど》真実教行証文類《しんじつきょうぎょうしょうもんるい》』といい、六巻からなっている。「顕」は明らかにすること、「浄土」は阿弥陀如来が開いた仏国土をいい、「教」は教理、「行」は実践、「証」は証拠をもって明らかにすること、「文類」は経論の要文を集めて体系的に再編成したものをいう。

第一巻「顕浄土真実教文類」は、法然上人から受けた浄土宗の教えがいかなるものであるかを開示し、第二巻「顕浄土真実行文類」は、称名念仏が真実の行であることを説明している。第三巻「顕浄土真実信文類」は、行と一体である信によって救われることを明らかにし、第四巻「顕浄土真実証文類」は、浄土に往生して仏となり、この世に還《かえ》って人を救うという阿弥陀如来のはからいを悟るべきであることを示している。第五巻「顕浄土真仏土文類」は、真実の仏である阿弥陀如来とその国土について明らかにし、第六巻「顕浄土方便化身土文類」は、末法の人間を救うためには、仮に設けられた方便の手立てがあることを説明している。

『教行信証』は、経典、中でも『無量寿経《むりょうじゅきょう》』を繰り返し読む中ででき上がった本である。仏教の経典は仏のことばを文字に表わしたもので、そのことばは疑うべからざるものであったから、親鸞は、自身の信心の拠り所を、経論の中に求めて、「大経（無量寿経）に言はく」「また云く」「涅槃経《ねはんぎょう》に言はく」「十住毘婆沙論《じゅうじゅうびばしゃろん》に曰く」というように経論の文章を次々に挙げて、その意味を解説していく中で、心の中に起る疑問を解決し、浄土真宗の教えを明らかにしていく。こうした書き方は、源信の『往生要集《おうじょうようしゅう》』や法然の『選択本願念仏集《せんちゃくほんがんねんぶつしゅう》（選択集）』も同じで、経論の要文を並べていく中に著者の主張が込められていて、源信や法然の主著であるのに、序とあとがきを除けば、著者自身の考えを論述した長い文章はどこにもない。『教行信証』も同様のまとめ方、書き方をされた本である。

『教行信証』は、親鸞の自筆本が東本願寺に所蔵されている。この本は、もとは親鸞の高弟性信《しょうしん》が開いた坂東報恩寺（茨城県常総市。現在は東京都台東区に移転）に伝えられていたので坂東本と呼ばれ、一二二四年（元仁元）、親鸞五十二歳のときに、稲田（茨城県笠間市）の草庵《そうあん》で書かれた草稿本であると考えられてきた。だが、近年の詳細な研究によって、筆跡の調査から晩年の書き込みがあることがわかり、親鸞は京都に帰った後も、この本に手を加え続けたことがわかってきた。

そうしたことから、親鸞の主著『教行信証』は、永遠に未完の書であるといわれているが、それはこの本が人に読ませるために書かれたものではなく、親鸞が自分自身のために書き続け、読み返しては加筆を続けた本であったことによるものと思われる。一方で、親鸞の師法然の主著は『選択集』であるが、この本は法然に帰依した九条兼実《かねざね》の求めに応じて書かれたもので、門弟にも読まれ、主要な弟子は書写することを許された。

『教行信証』第六巻の終わりに、親鸞は、一二〇五年（元久二）に『選択集』の書写を許され、書写をしていた四月十四日に、師はその本に「選択本願念仏集」という内題と、「南無《なむ》阿弥陀仏　往生之業念仏為本（往生の業は念仏を本となす）」の文字と、さらに「釈綽空《しやくのしやっくう》」という親鸞の名を、自筆で書いて下さったと記している。

『選択集』のように、師である親鸞から『教行信証』の書写を許されたという伝承はなく、現存する親鸞在世時の本は、坂東本と、弟子の真仏が書写した高田本があるだけで、西本願寺本は重要な本であるが、親鸞没後の写本と考えられる。幕府の内管領平頼綱《よりつな》の支援で没後二十九年に刊行されたという本も、今は伝わっておらず、室町時代にそれを写した本によってそのことが知られるだけである。

親鸞は、生涯身辺に置いて筆を入れ続けた本を、広く門弟たちに読ませようとは考えていなかったであろうし、読んで理解できる人は、門弟の中でも少なかったと思われる。数十年にわたる精進努力の中で、一歩一歩確かめてきた思索の跡を伝えているこの本は、一気に読み通せるような本ではなかったし、一読すればただちに浄土真宗の教えがわかり、日頃抱いていた人生の難問が氷解するというような本でもなかった。

『教行信証』の注釈書は、本願寺第三世覚如《かくにょ》の長子で、親鸞の玄孫にあたる存覚《ぞんかく》が、一三六〇年（延文五・正平十五）、親鸞没後九十八年に著した『六要鈔《ろくようしょう》』が最初の本で、存覚はそのあとがきに、この本は親鸞の教旨の枢要を述べたものであるが、該博な引用を読み解いて、その深い信心の境地を理解することは容易ではないと記している。『六要鈔』が開版されたのは、江戸時代になってからであった。

第二節　和文の本と和讃

『教行信証』が、門弟たちの間で回読されるようなことはほとんどなかったとしても、親鸞と周りに集まった人々との会話の中には、親鸞が考え続けていたことがおのずから顕《あら》われ出ていたに違いない。親鸞の声とことばは、門弟たち一人一人の心に深く染み込んだが、親鸞が東国にいたころには文字に記されることはなかった。記憶していれば充分だったし、なお聞きたいことがあれば、直接教えを乞う機会はいくらでもあったからである。

東国を去って二十年の時が過ぎ、八十歳を越えてから、親鸞は東国の門弟のために、本を書こうと考え始めた。門弟のための本であるから、和文で書かれた本であるが、その中、『浄土《じょうど》三経往生文類《さんきょうおうじょうもんるい》』、『尊号真像銘文《そんごうしんぞうめいもん》』、『一念多念文意《いちねんたねんもんい》』、『唯信鈔文意《ゆいしんしょうもんい》』の四部は、真蹟《しんせき》（本人の筆跡）と考えられる本が伝えられている。

『浄土三経往生文類』は、浄土三部経（『無量寿経』『観無量寿経』『阿弥陀経』）に説かれている往生についての大切な文章を挙げて、その解説を書いたもので、三部経の根本的な教えを明らかにした本であった。また、親鸞の門弟たちが集まる東国の道場には、礼拝の対象として、「南無阿弥陀仏」という名号（仏菩薩の名を記したもの）を書いた掛け幅と、聖徳太子や、浄土教を開き広く伝えた高僧たちの肖像画が掛けられていたと思われる。名号を尊号、高僧の肖像画を真像といい、尊号と真像の上下に書かれている経論の章句を銘文といったが、その銘文の解説を和文で書いた本が『尊号真像銘文』である。

また、親鸞は、経論の章句を解説する本を書くだけではなく、自身も愛読していた『一念多念分別事《ふんべつのこと》』、『唯信鈔』など、和文で書かれた本を読むことを門弟たちに勧め、それらの本を書写して東国へ送ったこともあった。さらに、自ら筆をとって、『一念多念文意』、『唯信鈔文意』という解説書を書いて東国の門弟に、念仏の教義を伝えようとした。

法然門下では、阿弥陀如来の救いを信じて念仏を唱えれば、往生は疑いないと教えられたが、念仏はただ一度唱えればよいのか、多く唱えればそれだけ往生は確実になるのか、多く唱えるというのは自力を恃《たの》むことになるのではないかという、一念多念の論争が起った。その際、親鸞は、法然の教えを擁護して相模国《さがみのくに》（神奈川県）に流された隆寛《りゅうかん》が書いた『一念多念分別事』を読むことを門弟に勧めた。その要旨を解説し、一念多念の議論に固執することのないよう戒めたのが『一念多念文意』である。

もう一つ、親鸞が読むことを勧めた本が、『唯信鈔』であった。著者の聖覚《しょうかく》は、平治の乱で

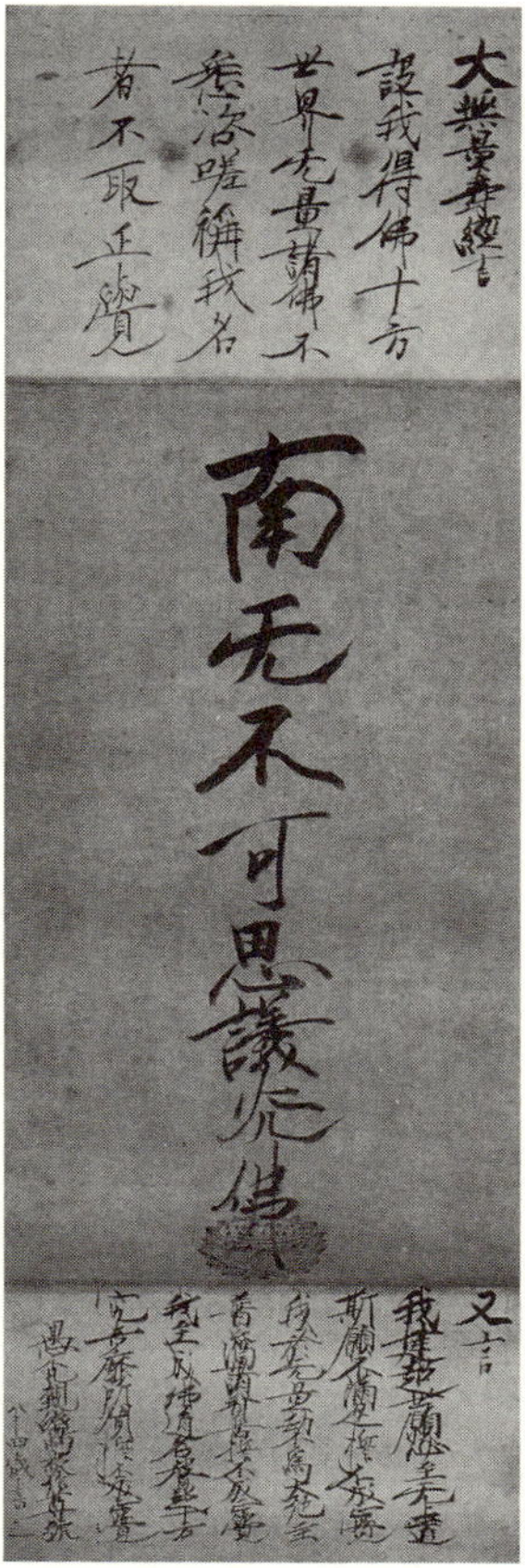

親鸞上人自筆の『八字名号』
三重県専修寺所蔵、鎌倉時代
なお、「不可思議光佛」とは
阿弥陀如来のことを指す。

敗死した信西《しんぜい》入道藤原通憲《みちのり》の孫で、はじめ天台宗の僧として活動していたが、のち法然に帰依し、念仏往生の本義を明らかにしようとして『唯信鈔』を書いた。聖覚を深く尊敬していた親鸞は、重要な語句を懇切丁寧に解説した『唯信鈔文意』を書いて東国に送った。

　「唯信抄《ゆいしんせう》」といふは、唯《ゆい》はたゞこのことひとつといふ、ふたつならぶことをきらふことばなり、また唯《ゆい》はひとりといふこゝろなり。信《しん》はうたがひなきこゝろなり、すなわちこれ真《しん》実《じち》の信心《しんじむ》なり、虚仮《こけ》はなれたるこゝろなり、虚《こ》はむなしといふ、仮《け》はかりなるといふことなり、虚《こ》は実《じち》ならぬをいふ、仮《け》は真《しん》ならぬをいふなり、本願他力《ほんぐわんたりき》をたのみて自力《じりき》をはなれたる、これを「唯信《ゆいしん》」といふ。鈔《せう》はすぐれたることをぬきいだしあつむることばなり。このゆへに「唯信鈔《ゆいしんせう》」といふなり。

〈唯信鈔というのは、唯はただこの一つという意味で、二つのものが並ぶことを嫌うことばです。また唯は独りという意味です。信は疑いのないという意味です。つまり、これは真実の信心なので、虚仮を離れたという意味です。虚は空しいことをいい、仮はかりのものという意味です。虚は実でないことをいい、仮は真でないことをいうことばです。阿弥陀如来の本願他力を信頼して、自力を離れた心の在り方、これを唯信というのです。鈔とはすぐれた文言を抜き出して集めることを表わすことばです。その故に、唯信鈔というのです〉

『唯信鈔』という本の題を懇切丁寧に説明することから、『唯信鈔文意』は書き始められている。親鸞は東国の門弟のために、念仏の教義を記した二つの「文意」を著した。この二つの文意は、親鸞自身が繰り返し読んだ本の肝要を伝えたいと考えて書かれたもので、注釈書のかたちをとっているが、執筆の意図と書き方から考えれば、親鸞の著述といってもいい本である。両書ともに真蹟本が現存し、巻末に追って書きがある。

ゐなかのひと〴〵の文字《もんじ》のこゝろもしらず、あさましき愚痴《ぐち》きわまりなきゆへに、やすくこゝろえさせむとて、おなじことをとりかへし〳〵かきつけたり。こゝろあらむひとは、おかしくおもふべし、あざけりをなすべし。しかれども、ひとのそしりをかへりみず、ひとすぢにおろかなるひと〴〵を、こゝろへやすからむとてしるせるなり。

康元二歳丁巳二月十七日　　愚禿親鸞　八十五歳　書之

〈田舎の人々は文字の意味も知らず、驚くほど愚かなので、易しく理解させようとして、同じことを取り返し取り返し書き付けました。分別のある人は、おかしく思うでしょうし、馬鹿にするでしょう。それでも、人の悪口を気にせず、ひたすら、愚かな人々にわかりやすいようにと考えて書いたものです〉

この追記は『一念多念文意』のもので、『唯信鈔文意』にもほぼ同文の追記がある。康元二年は、一二五七年にあたる。

田舎の人々は文字の意味を知らず、愚かなことは呆《あき》れるほどだから、そういう人々にわかりやすいように懇切丁寧に書いたと書かれている。東国でこの本を受け取った門弟は、当然読み書きができ、親鸞が書写して送った『一念多念分別事』や『唯信鈔』を読める人々であったから、そういう門弟に対して、周りに集まる文字を知らない信者たちに、この「文意」を読み聞かせ、よくわかるように話してもらいたいと頼んだのである。

和文で念仏の教義を伝える本を書いた親鸞は、和語で仏の慈悲を讃嘆する歌を作った。今でいえば、讃美歌にあたるものである。平安時代の中期から、和讃と呼ばれる和語の歌が作られるようになり、広く歌われて、現代に至っている。親鸞は『浄土和讃』百十六首、『浄土高僧和讃』百十七首、『正像末法和讃』九十一首をはじめ、五百首を超える多数の和讃を作った。

つぎに挙げるのは、『浄土和讃』の巻頭の一首で、北魏の浄土教家曇鸞《どんらん》の『讃阿弥陀仏偈《さんあみだぶつげ》』を和語にしたものである。ここではもとの偈を下段に記した。

弥陀《みだ》成仏《じやうぶち》のこのかたは
いまに十劫《こふ》をへたまへり
法身《ほふしん》の光輪《くわうりん》きわもなく
世《せ》の盲冥《まうみやう》をてらすなり

成仏《じやうぶち》已来《いらい》歴《りやく》十劫《じふこふ》
寿命《じゆみやう》方将《はうしやう》无《む》有量《うりやう》
法身《ほふしん》光輪《くわうりん》徧《へん》法界《ほふかい》
照《せう》世《せ》盲冥《まうみやう》故《こ》頂礼《ちやうらい》

『浄土和讃』からもう一首、わかりやすい歌を紹介しよう。

一切《さい》の功徳《くどく》にすぐれたる
南无阿弥陀仏をとなふれば
三世《ぜ》の重障《ぢうしやう》みなながら

かならず転《てん》じて軽微《きやうみ》なり

（○功徳＝優れた結果をもたらすはたらき。　○三世の重障＝過去現在未来にわたって悟りを得るのを妨げる障害）

和讃は和語で書かれているから、梵讃《ぼんさん》、漢讃と違って近付きやすく、美しい節をつけて歌ううちに、人々は仏の世界にいるような気分になる。『唯信鈔』を書いた聖覚は、安居院《あぐい》（比叡山東塔竹林院の里坊）を拠点に、歌の要素を取り入れた説法を行う一派を開いたし、法然、一遍《いっぺん》なども、和讃を作って布教の助けにした。

しかし、『浄土和讃』の巻頭の一首を見ればわかるように、文字を知らない人にとって、経論のことばは難しく、文字を離れては理解し難いものであった。和讃は和語で作られているから、庶民にとってわかりやすく、優美な節を付けた和讃は人々の間に広まった、と一般にはいわれている。しかし、これは「あさましき愚痴の人々」にとっては必ずしもわかりやすいものではなかった。

第三節　手紙による問答

『歎異抄《たんにしょう》』には、ある時に門弟である唯円《ゆいえん》が、「念仏まふしさふらへども、踊躍歓喜のこゝろおろそかにさふらふこと、またいそぎ浄土へまひりたきこゝろのさふらはぬは、いかにとさふらふべきことにてさふらうやらん」（念仏を唱えているのですが、嬉《うれ》しくなって踊り出すような心が、心底から起ってきませんし、早く浄土に行きたいという心にもならないのですが、どうしたことでしょうか）と訊《たず》ねたところ、親鸞が、「私も同じ心でいるのだが、唯円も同じだったのか。よく考えてみれば、そうした迷いの中にいる人間を救って下さるのが阿弥陀如来なのだから、何も心配することはない。往生はたしかなのだ」（現代語訳、要約）と答える段（第九段）がある。

親鸞の周りに集まった念仏の信者たちは、親鸞にさまざまな質問をし、親鸞はその問いを自分の心に照らしたうえで、誠実に答えた。「親鸞は弟子一人ももたずさふらう。そのゆへは、わがはからひにて、ひとに念仏をまふさせさふらはゞこそ、弟子にてもさふらはめ、弥陀の御もよほしにあづかて念仏まふしさふらうひとを、わが弟子とまふすこと、きはめたる荒涼のこ

【浄土真宗略系図】

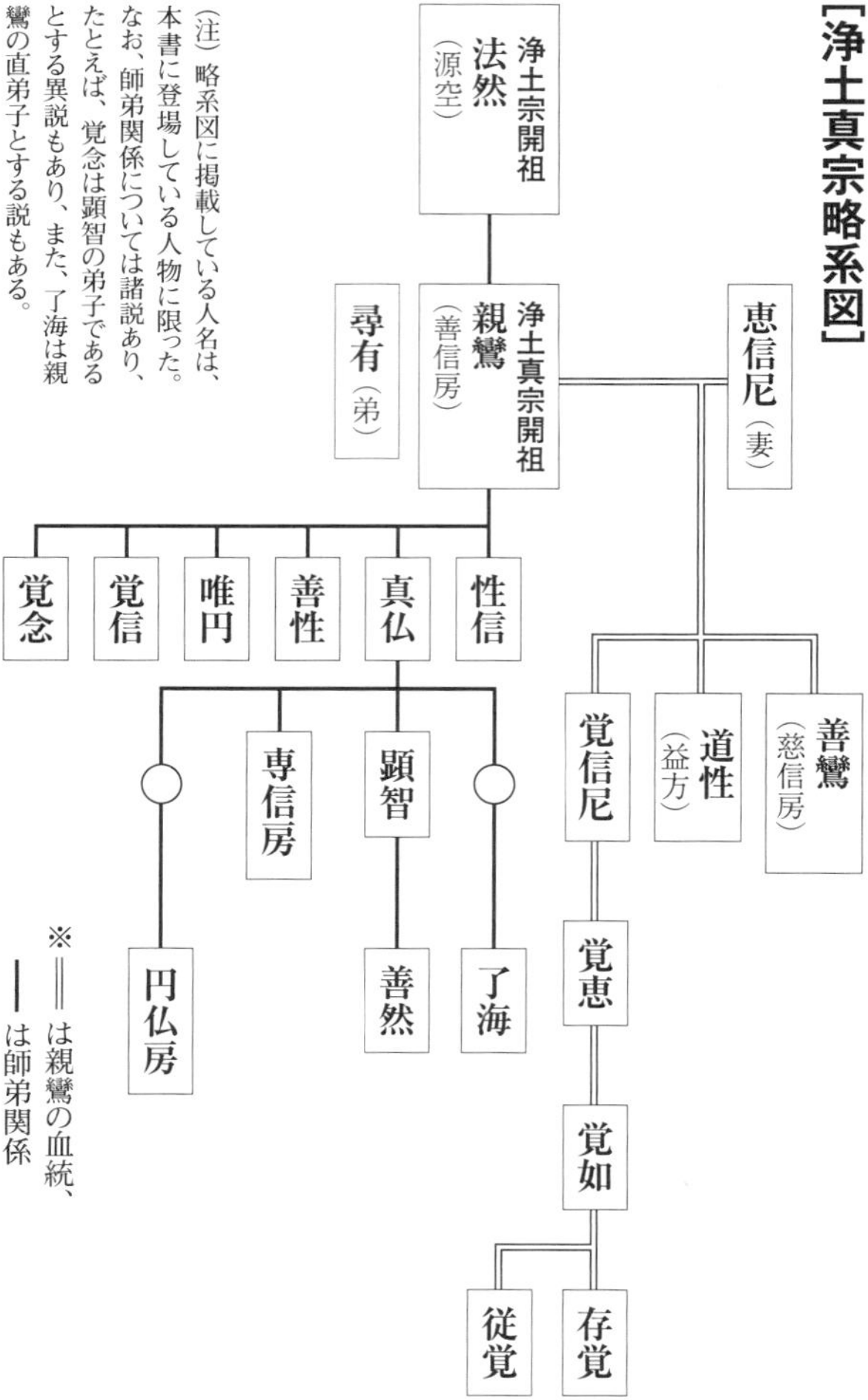

（注）略系図に掲載している人名は、本書に登場している人物に限った。なお、師弟関係については諸説あり、たとえば、覚念は顕智の弟子であるとする異説もあり、また、了海は親鸞の直弟子とする説もある。

（柏原祐泉ほか監修『真宗人名辞典』などを参考に作成）

となり」（親鸞は弟子を一人も持っていません。そのわけは、私のはからいで人に念仏を唱えさせているのならば弟子ということになるでしょうが、阿弥陀如来の御導きによって念仏を唱えている人を、自分の弟子ということは、大変な見当違いなのです）というように（第六段）、親鸞は、阿弥陀如来の前では門弟はみな同朋《どうぼう》（修行仲間のこと。同行の友）だと考えた。集まった念仏者たちは、分け隔てなく語り合い、信心を深めたのである。

念仏者の集まりでは、経論の字句を引き合いにして教義の議論が交わされることは、少なかったと思われる。集まった人々は、武士や商人、農民であったため、経論の解釈をめぐるこまかな議論をするような素養を持ってはいなかった。親鸞が東国にいて、門弟たちと語り合い、念仏道場でともに念仏を唱えていたときには、親鸞の信心と教えは、親鸞の立ち居振る舞いを通じても、自然に伝わっていった。しかし、その親鸞が東国を去った後、残された人々は、念仏を唱えて語り合うだけでは心もとなく、心に浮かんでくる疑問に、決着を付けることができないと思うようになった。

そこで、門弟たちは、手紙を書いて教えを乞うようになった。親鸞の返事を受け取った門弟は、その手紙を道場の人々に見せ、声を上げて読み聞かせ、字の書ける門弟の中には、書写して信心の拠り所とする者も少なくなかった。親鸞の手紙は現在四十三通が知られていて、その中で十一通は、真蹟とされている。七百五十年前の手紙が、もとのまま十一通も残っているというのは驚くべきことであるが、それらの手紙は、親鸞の最晩年のもので、京都に帰った六十代前半にも文通はあったに違いないが、手紙は残っていない。最晩年の手紙が伝えられたのは、その時期に、改めて念仏往生の教えの核心を伝えなければならないと親鸞に考えさせた、東国門弟による動きがあったためと思われる。

「それ浄土真宗のこゝろは、往生の根機に他力あり、自力あり。このことすでに天竺の論家・浄土の祖師のおほせられたることなり。まづ自力と申ことは、行者のおの〳〵の縁にしたがひて、余の仏号を称念し余の善根を修行して、わがみをたのみ、わがはからひのこゝろをもて、身口意のみだれごゝろをつくろい、めでたうしなして浄土へ往生せむとおもふを自力と申なり。また他力と申ことは、弥陀如来の御ちかひの中に、選択摂取したまへる第十八の念仏往生の本願を信楽するを他力と申なり」（浄土真宗の趣旨については、往生する活力に他力と自力の二つがあります。このことはすでにインドの教義学者・浄土教の開祖が仰せになっていることです。自力というのは、修行者一人一人の条件に従って、阿弥陀如来以外の仏の名を唱えながら祈念し、念仏以外の善行を積んで、自分の修行を恃み、自分で取りはからう心で、身と口と心の乱れを正し整え、申し分なく取りはからって浄土に往生しようと思うのを、自力というのです。また、他力というのは、阿弥陀如来の誓願の中に、善《よ》いものを選び悪いものを捨てて、念仏を唱えることをお選びになった第十八の御誓願を、阿弥陀如来の本願と信じて往生を願うのを他力というのです）という文章で始まる長文の手紙（真蹟書簡）は、はじめは手紙であったものを、親鸞自身が法語（教えを語った文章）のかたちにして書き与えたもので、「かさまの念仏者のうたがひとわれたる事」という標題が付けられている。『末灯鈔《まつとうしょう》』に収められているのは同じ題だが、専修寺蔵《せんじゅじ》の古写書簡では、「念仏する人〳〵のなかよりうたがひとわるゝ事《こと》」という題になっている。この手紙は、法然から受け継いだ念仏往生の教えの核心を述べた、親鸞の著述であるといってよい。なお、手紙文中の浄土真宗というのは、法然の教えのことを意味する。これが親鸞を開祖とする宗派を指すことばになったのは、明治時代からである。また第十八というのは、『無量寿経』にある阿弥陀如来の四十八の誓願の第十八に、「心の底から浄土に生れたいと願って念仏する人は、総《すべ》て浄土に迎え取ろう」と書かれていることを指す。四十八願の中で第十八願のことを、本願、あるいは王本願という。

手紙の中には、親鸞の信心の拠り所を諄々《じゅんじゅん》と述べた長いものもあるが、晩年の親鸞の身辺の様子を伝える興味深い手紙も少なくない。その例として、親鸞に会いたいという思いを募らせて、主人の許しを得ずに上京した、親鸞の高弟・真仏の孫弟子である円仏房が東国に帰るときに、親鸞が彼に持たせたと思われる、真仏宛ての手紙を挙げてみたい。

このゑん仏ばう、くだられ候。こゝろざしのふかく候ゆへに、ぬしなどにもしられ申さずして、のぼられて候ぞ。こゝろにいれて、ぬしなどにも、おほせられ候べく候。この十日のよ、せうまうにあふて候。この御ばう、よく〳〵たずね候て候なり。こゝろざしありがたきやうに候ぞ。さだめてこのやうは申され候はんずらん。よく〳〵きかせ給べく候。なにごとも〳〵いそがしさに、くはしう申さず候。あなかしこ〳〵。

十二月十五日　（花押）

真仏御房へ

〈この円仏房は、東国へ旅立ちます。志が深かったために、主人などに承知してもらわずに、上京してきたようです。そのことを心に入れて、主人などにお話しになって下さい。今月十日の夜に私は火災に遇《あ》いました。円仏房はよく訪ねて来ることができたものです。志の深さがわかるように思います。きっと訪ねるのに苦労したことをあなたに話すでしょう。よくよくお聞きになって下さい。なにもかも忙しくしていますので、詳しくは申しません。あなかしこ〉

円仏房は、十日夜に火事に遇った親鸞を訪ねてきたが、その時のことは、東国に戻ってから円仏房本人が話すに違いないと記した手紙は、短い文章の中で、親鸞の門弟に対する心遣いを余すところなく伝えている。

親鸞の手紙には、「四月七日の御ふみ、五月廿六日たしかに〳〵み候ぬ」（真蹟書簡）というように、日付を記したものが多い。当時、東国と京都との間で手紙が届くには、四、五十日を要した。手紙を受け取った親鸞は、いつも、数日以内には返事を書いたが、それが届くのに四、五十日かかると思えば、手紙の内容には、それなりの気配りが加わったと思われる。京都の内で取り交わす手紙は、すぐに相手のもとに届き、日を置かず返事が来るし、相手が直接会いに来ることもある。南都や比叡山との文通でも同じであったと思われるが、東国への手紙を書く気構えは、それと同じではなかった。

鎌倉時代になって盛んになる京都と東国の文通は、簡単に行き来の叶《かな》わないところにいる相手への思いの中で書かれるために、内容も対象化されていることを見落とすわけにはいかない。鎌倉時代に、手紙が豊かで深い内容を持つようになったのは、東国と京都との距離が、極めて重要な意味を持ったためであろうと考えられる。

京都に帰った親鸞は、隠棲《いんせい》に近い生活をしていた。貧しい暮らしの中で、『教行信証』の書き込みを続けていた親鸞に対して、東国の門弟たちは、『歎異抄』が「おの〳〵十余ケ国のさかひをこえて、身命をかへりみずしてたづねきたらしめたまふ御《おん》こゝろざし、ひとへに往生極楽のみちをとひきかんがためなり」（皆さんが十余か国の境を越えて、身命を省みることなく、訪ねておいでになった御志、ひとえに往生極楽の道を問いただそうというためです）という親鸞のことばを伝えている（第二段）ことからもわかるように、東国からの長い道程も厭《いと》わず、逢《あ》いに出かけた。門弟たちは、東国の人々の暮らしを語り、東国の土産を差し出したに違いない。

手紙を出すときには、金品を添えることがあった。親鸞の返事には、「御こゝろざしのぜに三百文、たしかに〳〵かしこまりてたまはりて候」（真蹟書簡）、「人々の御こゝろざし、たしかに〳〵たまはりて候」（真蹟書簡）、「銭弐拾貫文慥々給候。穴賢《あなかしこ》ゝゝ」（『末灯鈔』）、「九月廿《くぐわちにじふ》七日《しちにち》の御《おん》ふみ、くわしくみさふらひぬ。さては御《おん》こゝろざしの銭《ぜに》伍貫文《ごくわんもん》、十一月九日《じふゐちぐわちこゝのか》にたまはりてさふらふ」（『親鸞聖人御消息集』）というようなことばを見出《みいだ》すことができる。

物語や説話集など多くの本の場合、書き手の人格は書かれたものの背後に隠れてしまって、見えないことが少なくない。一方で、手紙の場合には、そこに書き手の姿が現れ、声や心臓の鼓動まで伝わってくるように感じられる。手紙は、最も個人的な著述の形式といってよい。

第四節　信心を語る手紙

一二五六年（建長八）四月七日、下野国《しもつけのくに》高田（栃木県真岡《もおか》市）に住む覚信は、京都の親鸞に手紙を書いた。そのころ、東国の念仏信者の間で、普通の門徒には教えられていない別の教えがあるという噂《うわさ》が起り、動揺が広がり始めたので、主だった門弟の中で、京都の親鸞に質問の手紙を書き、教えを乞うことにしたものと思われる。手紙を書いた覚信は、親鸞の直弟子であった。六月か七月に高田に届いた親鸞の返事（真蹟書簡）は、現在、三重県津市の専修寺に伝えられている。

専信坊、京ちかくなられて候こそ、たのもしうおぼえ候へ。
又、御こゝろざしのぜに三百文、たしかに〳〵かしこまりてたまはりて候。

四月七日の御ふみ、五月廿六日たしかに〳〵み候ぬ。さてはおほせられたる事、信の一念、行の一念、ふたつなれども、信をはなれたる行もなし。行の一念をはなれたる信の一念もなし。そのゆへは、行と申は、本願の名号をひとこゑとなえてわうじやうすと申ことをきゝて、ひとこゑをもとなへ、もしは十念をもせんは行なり。この御ちかいをきゝて、うたがふこゝろのすこしもなきを、信の一念と申せば、信と行とふたつときけども、行をひとこゑするをきゝて、うたがはねば、行をはなれたる信はなしとききて候。又、信はなれたる行なしとおぼしめすべし。これみなみだの御ちかいと申ことをこゝろうべし。行と信とは、御ちかいを申なり。あなかしこ〳〵。いのち候はゞかならず〳〵のぼらせ給べく候。

（花押）

五月廿八日

覚信御房　御返事

〈専信房は、京都に近いところへ移られたので、心強く思っています。

また、御志の銭三百文確かに謹んで頂きました。

四月七日の御手紙、五月二十六日に確かに読みました。それで、仰せのことについて、信の一念と行の一念とは、別々の二つのことのようですが、信を離れた行もなく、行の一念を離れた信の一念もありません。そのわけは、行というのは、本願の名号を一声唱えれ

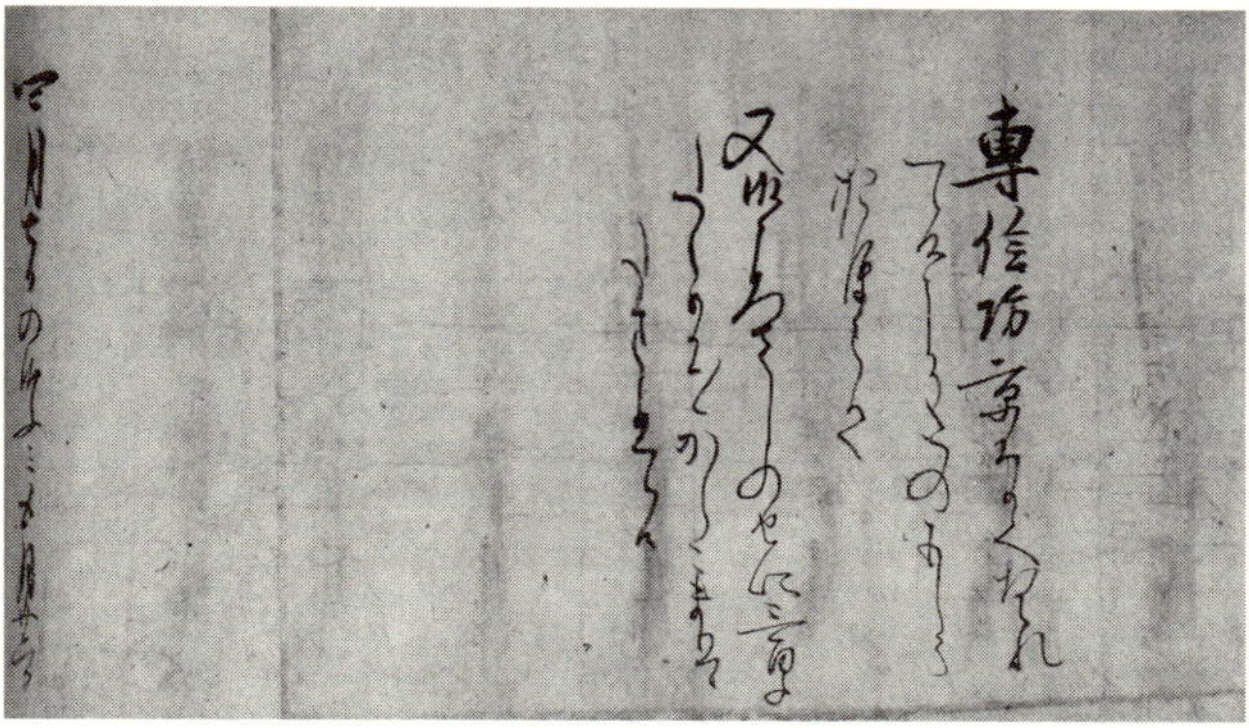

『親鸞上人書状（覚信房宛）』
親鸞上人が東国の門弟である覚信に宛てた直筆の書状
三重県専修寺所蔵、鎌倉時代、重要文化財

ば往生できるということを聞いて、一声唱え、また十回唱えるのが行なのです。本願を聞いて、疑う心が少しもないのを、信の一念というのです。なので、信と行は別々の二つのものに聞こえますが、行を一声唱えるのを聞いて、疑っていないのならば、行を離れた信はないのだと聞いております。また信を離れた行もないとお考え下さい。

これはみな、阿弥陀如来の御誓いのことをいうのだと心得て下さい。行と信とは、阿弥陀如来の本願をいうのです。あなかしこ。お元気ならば、必ず上京なさいますように〉

はじめの二行は、本文の後に付け加えた追伸

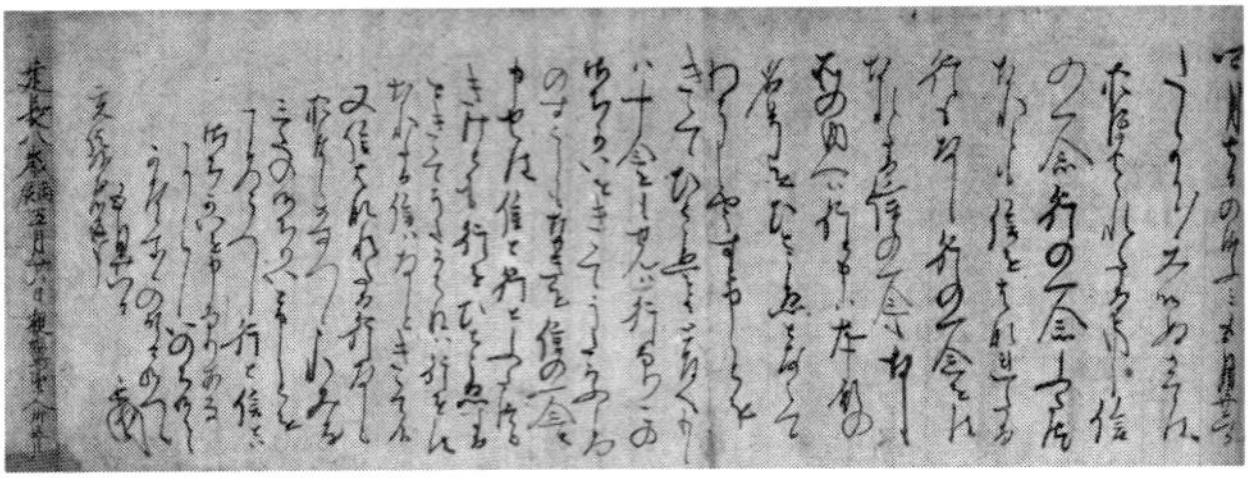

『親鸞上人書状（覚信房宛）』　同前

の文章。手紙は用紙の右から左へ書いていくので、右を端、左を奥という。宛名は尊重して奥に書く。本文のつぎに日付を書き、差出人の名を書いて、一番奥に宛名を書くのが手紙の作法である。この手紙では、差出人の親鸞は署名のところに花押だけを書いている。花押は他人が写すことはできないので、手紙の写しを作るときは「花押」と書き、「手紙の原文ではここに花押があります」ということを示す場合には（花押）または（在判）などと表記するのが古文書学の約束になっている。そういう手紙の書き方からすれば、追伸は奥に書くものではなく、本文の右、端に書くことになる。

また、手紙の日付は月日だけを書いて、年は当事者の間ではわかっているために書かないことになっているのは、現在と同じである。この手紙には、奥の左に別筆で「建長八歳丙辰五月廿八日親鸞聖人御返事」とあるが、これは手紙を受け取った覚信が憶《おぼ》えのために記入したものと考えられる。その年、親鸞は八十四歳であった。

親鸞は、四月七日付けの手紙を、五月二十六日に確かに受け取ったと書いて、阿弥陀如来が衆生を救おうとして立てた誓いを信じることと、仏の名号を唱えることとは、別々の二つのことではなく、本願を信じることと、名号を唱える行為とは一体であると答えている。親鸞の教えの真髄が、平易なことばで簡潔に述べられている。文中の「きゝて候」は、法然上人から教えられたというのを、覚信に語りかけるように書いたことを示す表現である。法然の『選択集』に記されているというのではなく、直接聞いたのだというわけである。

追伸は、専信房が東国から京都に近いところに移ったことを覚信の手紙で知って、頼もしく思っているということと、手紙に添えて届けられた銭三百文への感謝のことばである。

末尾の「いのち候はゞかならず〳〵のぼらせ給べく候」という、親しみを込めた文に応えて、覚信は病を押して上京した。覚信は、信心について心おきなく師と語り合ったと思われるが、一二五九年（正元元）閏《うるう》十月一日の高田入道の手紙で覚念の死を知った親鸞が、同月二十九日の返事に「自分が先に行って待っている心算だったのに、覚念房が先立ってことばもない。覚信房が去年先立ちましたので、必ず浄土で出会うでしょう」（現代語訳）という旨を書いていることから、覚信は、上京してまもなく、親鸞の傍で死んだことがわかる。

はじめに全文を挙げた覚信への返事は、覚信の死後、専修寺に伝えられた。専修寺は親鸞が下野国高田に開いた道場で、東国を去るとき、後を真仏に託した。真仏は、下野国の国司大内国春の子で、椎尾《しいお》春時といったが、親鸞に帰依して真仏と名乗り、東国の門徒の中心として活動した。専修寺は、室町時代に伊勢国一身田《いせのくにいっしんでん》（三重県津市）に移り、浄土真宗高田派の本山になっている。

「親鸞は弟子一人ももたずさふらう」（『歎異抄』）といった親鸞は、寺も持たなかった。鎌倉仏教の祖師たちは、貴族や有力武士を外護者として建てられた寺の開山上人になったが、親鸞は周りに集まった信者とともに、道場で念仏を唱えた。

真宗の教団が生れて、信徒の活動の拠点が寺になっていったとき、信徒たちの礼拝の対象として、親鸞の絵像（御影）と筆跡が大切にされるようになった。親鸞自筆の手紙が尊重され、それを所蔵する寺の正統性を示すものとなったために、鎌倉時代半ばに書かれた手紙の原本が現代まで伝えられることになった。

ここで取り上げた手紙はいずれも短いものであるが、親鸞の手紙の中には、阿弥陀如来の本願の解釈をめぐる議論を詳しく説明した手紙や、覚信への返事の翌日に書いた、「慈信房義絶状」（古写書簡）と呼ばれる手紙など長文のものもある。慈信房とは親鸞の長男善鸞《ぜんらん》のことで、門徒の間の「造悪無碍《むげ》」（阿弥陀如来の慈悲は広大なので、悪を犯しても往生の妨げにならないとする考え）、「本願ぼこり」（本願にあまえて傍若無人の振る舞いをすること）を糺《ただ》そうとして東国に赴いたが、その善鸞に門徒の結束を乱す言行があることを知らされた親鸞が書いた手紙である。

「いまはおやといふことあるべからず、ことおもふことおもいきりたり。三宝・神明にまふしきりおわりぬ、かなしきことなり。わがほうもんににずとて、ひたちの念仏者みなまどわさむと、このまるゝときくこそ、こゝろうくさふらえ。しむらむがおしえにて、ひたちの念仏まふす人々を、そむぜよと慈信坊におしえたると、かまくらにてきこえむこと、あさましく〳〵」（今は私は親ではありません、あなたを子と思うことも断念しました。仏・神にはっきりと誓いました。悲しいことです。お前たちはわが法門とは違うといって、常陸《ひたち》の念仏者を皆惑わせようとしていると聞くのは、まったく情けないことです。常陸の念仏者たちを潰せ、と慈信房に親鸞が教えた、などと鎌倉に申し出たなど、あさましいこと、驚くばかりです）という文章で結ばれるこの手紙は、八十四歳の親鸞が、東国の門弟たちの動向を案じながら書いたもので、怒りと悲しみが切々と伝わってくる。

第五節　自然法爾《じねんほうに》の法語

親鸞の消息集の中には、宛名や日付がなくて、手紙のかたちになっていないものがあり、「法語」と呼ばれている。また、一宗一派を開いた僧が、経典や師説に導かれて真理を知るのではなく、自ら悟った教えを記したものを「御己証《ごこしょう》」というが、浄土真宗で御己証といい、法語といわれるものは、ことば遣いや文体からみると手紙と同質のもので、手紙の宛名や日付を削って本文だけにしたと考えられ、消息集に入っていても違和感はない。

中世になって、仏教の教えを仮名交じりの和文で書いた本が現れ、仏教を日本社会に浸透させていく上で大きな役割を果たした。和文で書かれた仏教書には、漢文で書かれた仏教の本を仮名交じり文に書き下した「仮名聖教《しょうぎょう》」と、和文で信心の機微を伝えようとした「仮名法語」がある。

ここ半世紀の間に、日本の文学史の上で、和歌や物語に加えて、思想や信仰を述べた散文も文学作品として取り上げられるようになった。それ以前は、仏教の典籍は仏教漢文によるものが正統的なものと考えられ、仮名文字を使用した本は、漢字の読み書きができない人々のために、内容を落として平易に書かれたものと考えられていたので、中世の仏教を考えるときには、漢文で書かれた本を基本とし、和文の本が検討の中心とされることはなかった。

従って、『歎異抄』を読んで親鸞の思想がわかったというのは、学問的な手続きを無視した素人の論義であるとされ、道元の主著『正法眼蔵《しょうぼうげんぞう》』が日本最初の和文の思想書であるとされている意味が、正面から論じられることもなかった。親鸞、日蓮《にちれん》の手紙も、行実を確かめる伝記史料として重んじられるだけで、信心を伝える史料として重視されることはなかったといってよい。しかし、一人の帰依者に親しく語りかけるように、信心について書かれた手紙は、そのまま法語になっており、読み継がれてきた。

親鸞の信心を述べた法語の中で、最も重要なものの一つとして知られる「自然法爾」法語は、顕智《けんち》が書写したものが専修寺に伝えられ（古写書簡）、『末灯鈔』には、それを整えたものが収められている。顕智が写したものには、「正嘉二歳戊午十二月日、善法坊僧都御坊、三条とみのこうぢの御坊にて、聖人にあいまいらせてのきゝがき、そのとき顕智これをかくなり」とあるから、親鸞が尋有《じんう》（善法坊僧都）を前にして語ったことばを、上京して師に仕えていた顕智が書き取ったものと考えられる。本文はつぎの通りである。

自然といふは、自はおのづからといふ、行者のはからいにあらず、しからしむといふことばなり。然といふは、しからしむといふことば、行者のはからいにあらず、如来のちかひにてあるがゆへに。法爾といふは、この如来のおむちかひなるがゆへに、しからしむるを法爾といふ。法爾は、このおむちかひなりけるゆへに、すべて行者のはからひのなきをもて、この法のとくのゆへに、しからしむといふなり。すべて、人のはじめてはからはざるなり。このゆへに、他力《たりき》には義なきを義とす、としるべしとなり。自然といふは、もとよりしからしむといふことばなり。

弥陀仏の御ちかひの、もとより行者のはからひにあらずして、南无阿弥陀とたのませたまひてむかへむと、はからはせたまひたるによりて、行者のよからむとも、あしからむともおもはぬを、自然とはまふすぞときゝて候。

〈自然というのは、自はおのずからということで、行者のはからいではないということです。然とは、しからしめるということばです。しからしめるというのは、行者のはからいではなくて、阿弥陀如来のはからいによるということです。法爾というのは、この如来の誓願であるがゆえに、物事が決まるということを法爾というのです。法爾とは、この御誓願であったがゆえに、まったく行者のはからいというものはないので、この法の徳のゆえに物事が決まるというのです。総て、人間のはからいではないことです。ですから、他力の信心では義のないのを義とすると知るべきだと教えられたのです。自然というのは、もともとそのようにあらしめるという意味のことばなのです。

阿弥陀如来の御誓願は、もともと行者のはからいではなくて、南無阿弥陀仏と恃むものを迎えようと、おはからい下さるのですから、行者がよかろうとも、悪かろうとも思わないのを自然というのだと、私は聞いています〉

親鸞が解説しているように、自然というのは、人間の意思に関わりなく自《おの》ずからそうあることをいう。狂言では、思いもよらないことを、「それは自然《じねん》のこと」といったりする。親鸞は、行者のはからいでなく、阿弥陀如来の意思によって物事は決まるのだから、法のままだということで、法爾というのだと解説する。総て、人間のはからいを超えているから、義なきを義とするのが他力信仰の心なのだということになる。行者としては、よかろうとも、悪かろうとも思わないのが自然なのだというのだが、続けて、つぎのように綴《つづ》られている。

ちかひのやうは、无上仏にならしめむとちかひたまへるなり。无上仏とまふすは、かたちもなくまします。かたちのましまさぬゆへに、自然とはまふすなり。かたちましますとしめすときには、无上涅槃とはまふさず。かたちもましまさぬやうをしらせむとて、はじめて弥陀仏とぞ、きゝならひて候。みだ仏は、自然のやうをしらせむれうなり。この道理をこゝろえつるのちには、この自然のことは、つねにさたすべきにはあらざるなり。つねに自然をさたせば、義なきを義とすといふことは、なほ義のあるになるべし。これは仏智の不思議にてあるなり。

愚禿親鸞八十六歳

〈(阿弥陀如来の) 誓願の肝要は、無上の仏になろうとお誓いになったのです。無上仏というのは、かたちもなくいらっしゃるのです。かたちがおありにならないので、自然というのです。かたちがおありというときには、無上の涅槃とはいいません。かたちがおありにならないのを知らせるために、改めて阿弥陀如来というのだと、聞き習っているのです。阿弥陀如来は自然のありようを知らせる手立てなのです。この道理を心得た後には、この自然のことを、あれこれと詮索すべきではないのです。あれこれ自然を詮索すれば、義なきを義とすということが、また義があることになってしまうでしょう。これは仏智の不思議というものです〉

《顕智上人坐像》　栃木県専修寺所蔵
鎌倉時代、重要文化財

これは、親鸞の信心の精髄を語る文章である。考え抜いた教えを、経典の章句を突き合わせて引き出したのではなく、料紙（用紙）を前にして筆を執り、推敲《すいこう》をかさねたのでもない。尋有を前にして、一言一言確かめながら積み重ねていくように語ったのを、筆記するというかたちで残されていることに、鎌倉時代の信心の伝え方が表れている。「き、て候」「き、ならひて候」というのは、法然上人から聞いたという意味である。

顕智は、親鸞の高弟真仏が師に先立って亡くなった後、高田門徒の中心に立って活動し、親鸞の葬儀を執り行い、廟堂《びょうどう》の建設にも大きな役割を果たした。親鸞廟（大谷廟堂）の留守職に覚如が就任する際にそれを牽制《けんせい》して、厳しい条件をつけたことで知られる。顕智は、一三一〇年（延慶三）七月に没したが、八月に作られた坐像《ざぞう》が栃木県真岡市高田の専修寺にある。二〇一一年、上野の博物館で初めてこの像の前に立った私は、顕智の深い信心が伝わってくるように感じた。東国の優れた仏師の作と思われる。

第六節　教典としての消息集

親鸞の門弟たちは、念仏を唱える道場に集まったが、道場で礼拝の対象になったのは、名号を書いた掛け幅と、聖徳太子や浄土教を説いた高僧の肖像画だけで、仏像はなかった。親鸞が、道場で歌う和讃を作ったことは第二節でふれたが、教典の教えを讃《たた》えた『浄土和讃』に対して、『浄土高僧和讃』は経典の教えを説いた七人の高僧を讃えた歌で、竜樹《りゅうじゅ》（二、三世紀のインドの僧、大乗仏教の思想家）、天親《てんじん》（五世紀のインドの高僧、『浄土論』の著者）、曇鸞（五、六世紀、北魏の浄土教家）、道綽《どうしゃく》（六、七世紀、隋唐の浄土教家）、善導《ぜんどう》（七世紀、唐の高僧）、源信（『往生要集』の著者）、源空（法然）の七高僧が、浄土教の「本師」とされて礼拝の対象になっていた。

　宗教的な修行と儀礼を行うためには、それに相応《ふさわ》しい施設があることが望ましい。大寺院を出ることから始まった鎌倉時代の仏教革新運動は、やがて貴族や有力武士の支援によって寺院が建立されたことで、寺院の維持管理をめぐって、既成の体制に回帰していくことになった。親鸞は、寺を建てることをしなかったが、有力な門弟の中には、念仏の道場を建ててそれを拡張し、やがて寺を建てる者が現れた。性信、顕智、善然、了海《りょうかい》などは、鎌倉時代に等身大の木造の坐像が作られ、それぞれゆかりの寺で礼拝されるようになった。

　親鸞は、七高僧を礼拝して、浄土の教えを説き、それを広く伝えた高僧の恩徳に感謝したが、自身を七高僧のつぎに並べるなどということは、思いもよらないことであった。親鸞の生前に作られた「鏡御影《かがみのごえい》」と呼ばれる画像は、鎌倉時代の似せ絵として名高いが、威厳のある像とはいい難く、「安城御影《あんじょうのごえい》」も親鸞認知の肖像として知られるが、飾り立てた画像ではない。坐像は没後のもので、礼拝に際しては親鸞自筆の名号、つまり「南無阿弥陀仏」と書かれた掛け幅と、手紙が重んじられたのであり、手紙の中でも法語の性格の濃いものが、礼拝の対象になったと考えられる。

　親鸞の手紙は、門弟たちの間で回覧され、書写され、手紙を持っている門弟が重んじられるようになり、親鸞在世の時代に、消息集が作られるようになった。最も早いものは善性本『御消息集』で、一二五八年（正嘉二）に善性によって編まれたものと考えられていて、親鸞の手紙七通を収めて、専修寺に伝えられた。また、十八通を収める『親鸞聖人御消息集』も作られた。この消息集は、善鸞事件に関するものなど、重要な手紙を収めていて、親鸞の門弟たちの間で、正統性を主張するために編まれたと考えられる。編者はわかっていない。

親鸞の消息集で広く読まれたのは『末灯鈔』で、親鸞没後七十一年の一三三三年（正慶二・元弘三）に従覚《じゅうかく》によって編纂《へんさん》された。従覚は、本願寺第三世覚如の次男で、父覚如の伝記『慕帰絵詞《ぼきえことば》』の作者として知られる。親鸞の手紙と法語を探訪して、二十二通を収める消息集を編纂したという。父についで本願寺の正統性を主張するために、『末灯鈔』は大きな役割を果たした。

もう一つ、『親鸞聖人血脈文集《けちみやくもんじゆう》』は、五通の手紙を収めるが、その中の三通は他の消息集にも見られ、二通がこの文集のみが伝える手紙である。この消息集の手紙は、五通の中の四通が性信宛てで、性信を中心に集まっていた念仏集団が、法然―親鸞―性信の血脈を示すために作ったものと考えられている。性信は、鹿島神宮の神官中臣宗基の子で、親鸞に帰依し、下総国横曾根（茨城県常総市）を拠点に活動し、その集団は真仏を中心とする高田門徒に対して、横曾根門徒と呼ばれた。

東国の門弟たちは、親鸞の手紙を大切にして、写本を作って回読し、道場で読み上げることもあったと思われる。そうした中で、手紙を集めた本が教典として用いられることになった。信心に関する質問に対して、親しみ深く語りかけるような親鸞の返事は、質問を的確に、深く理解した上で、易しいことばで綴《つづ》られていたから、消息集は門弟たちにとって、かけがえのない教典となった。門弟たちは消息集を読んで、師の面影を偲《しの》び、師の声を聞くかのようなことばを反芻《はんすう》するようになったのである。

消息集が教典になったことは、先進的な外来文化として伝来した仏教が「漢訳仏典の学問」から、信心を中核とする「宗教」に変じたことを、何よりも的確に表わしていると思われる。

突飛な比較と考えられるかも知れないが、『新約聖書』は、二十七の資料からなっているが、四部の福音書と「使徒行伝」「ヨハネの黙示録」の六篇《へん》の他は、二十一通の手紙が収められており、資料の数からいえば、全体の四分の三は手紙である。キリスト教の教義の中核もまた、手紙で述べられているということになる。

二十一通の手紙の中心は、パウロの十三通の手紙で、エーゲ海周辺の各地やギリシャへの三次にわたる伝道旅行で訪れた各地の信徒たち、キリスト教徒がいると聞いた土地の信者に宛てて書いたもので、「ローマの信徒への手紙」は、キリスト教神学最初の大著であるともいわれている。キリキアのタルソ（トルコ南部のタルスス）で生れたユダヤ人のパウロは、ヘレニズムの学問を学び、キリスト教の信者になって、ギリシャ語の手紙を書いた。手紙の他に、パウロの著述は残っていない。

宗門の立場を離れて、近代の歴史学の観点で書かれた最初の親鸞の伝記は、村田勤『史的批評親鸞真伝』（一八九六年）で、著者は同志社で学んだキリスト教徒であった。それ以後、ヨーロッパの十六世紀の宗教改革と比較して鎌倉時代の仏教を考える仏教史の見方が広まり、多くの人々が親鸞の信心と思想を、キリスト教と比較して論じてきた。

八木誠一『パウロ・親鸞＊イエス・禅』（一九八三年）は、神学の立場でキリスト教と仏教を比較した本で、親鸞の「自然法爾」の法語が、パウロの神学と比較されている。

キリスト教も鎌倉仏教も、手紙を通して信仰を広めていった。古代から中世にかけての宗教において、手紙という媒体が果たした力を、深く思い知らされる。

第二章　中世の手紙

第一節　我が子を案ずる母の心

前章で、親鸞《しんらん》が門弟たちのために書いた著述は、教義書や経論の注釈書だけではなく、信心のあり方を伝えようとして書き送った手紙も数多く残されていることを述べた。平安時代中期以降、文字に親しむ人々は、心に思うことを伝えるために、手紙を書くようになった。『源氏物語』の中に、京に上った明石の君が母の尼とともに、明石に残った父の入道に近況を知らせる手紙を送る場面がある。入道は明石の君への返事の中に、

仮字文《かなぶみ》見たまふるは目の暇《いとま》いりて、念仏も懈怠《けだい》するやうに益《やく》なうてなん、御消息《せうそこ》も奉らぬを。（若菜　上）

〈仮名の手紙を拝見するのは、時間がかかって、そのために念仏も怠るようになるので、御消息もさし上げませんよ〉

と記したとある。女性の手紙は仮名文字で綴《つづ》られているので、読むのに時間がかかり、念仏の行の妨げになるという。漢字で書かれていれば、一見すれば何が書かれているかわかるが、当時は仮名文字だけの文章には句読点も濁点もなく、音便の表記もまちまちだったので、日々仏典に接している入道にとっては、仮名文を読むのは大変だったに違いない。

今から六十年近く前、京都の青蓮院《しょうれんいん》に伝えられていた本の紙背に、多数の手紙が使われていることがわかり、久曾神昇《きゅうそじんひたく》氏によって綿密な調査が続けられた結果、『不空三蔵表制集《ふくうさんぞうひょうせいしゅう》』『灌頂阿闍梨宣旨官牒《かんじょうあじゃりせんじかんちょう》』『諸仏菩薩釈義《しょぶつぼさつしゃくぎ》』という三部の本、五巻と一冊（現在は改装されて全部で巻子本九巻になっている）が、百八通の手紙を集めて、その裏に書写されたものであることが明らかになった。現在、紙背の仮名書きの手紙は写真版で出版され、翻刻、解読されて、読めるようになっている（久曾神昇編『平安仮名書状集』、一九九二年）。

その手紙は、『源氏物語』が書かれて数十年経《た》った、平安時代後期に書かれたもので、書かれてからそんなに時を置かずに、写本の料紙に使用された。さまざまな文書がある中で、六十二通が仮名の手紙で、さらにその中の四十三通が藤原為房の妻の手紙であることがわかっている。夫の為房の手紙もあるが、妻の手紙が圧倒的に多い。為房は、後三条、白河、堀河、鳥羽の四代の天皇に側近として仕え、蔵人頭《くろうどのとう》、参議となり、政務処理の才に富む公家として知られた人物であった。手紙を書いた妻については詳しいことはわからず、源頼国の娘ではないかと推測されているが、定かでない。手紙の文字や文章はよく整っており、筆者がなかなかの才女であったことを偲《しの》ばせる。

この女性は一〇八五年（応徳二）ごろに、まだ幼い男児に学問と修行をさせるために、比叡《ひえい》山《ざん》に送り出した。我が子のことが心配でならない母親は、子供を預けた青蓮房に手紙を書き続けたが、その手紙が仏典書写の料紙となって、九百年後の人々に読まれることになったわけである。

平安・鎌倉時代、公的な文書は漢文で書かれた。太政官や摂関家から出されるさまざまな文書、寺院の経営に関する文書、田畑の譲渡や売買の書類など、権利の証文として必要なものは大切に保管され、代々受け継がれたが、私的なこと、日常生活のことを書いた手紙が永く保存されることはなかった。貴族の女性は仮名文字で、数多くの手紙を書いたと思われるが、公的なことに関わりのない女性の手紙が後世に伝えられることはなかった。ただ、当時は紙が貴重であったから、保存の必要のない手紙を集めて、裏に本を写すことがしばしば行われた。そのため、藤原為房の妻の手紙四十三通も、比叡山の僧房で、仏典を書写する料紙として用いられ、青蓮院に残ったのである。
そこで、久曾神氏の研究を頼りに、為房の妻の手紙を覗《のぞ》いてみることにしたい。もとの手紙は、仏典の書写が終わり、巻物や冊子のかたちにするときに、紙の端に書かれた宛名や日付の部分が裁断されているが、本文はほぼ読み取ることができる（判読できない箇所は、久曾神氏の解説を参考に補った）。

これより人まいらせむとしはべるほどに、うれしうおほせられてはべる事をぞ。かくおりまほしがりはべらぬこそ、まことにかへすぐ〵うれしう思たまへられはべれ。ちごのおりまほしがりはべらむをりぞ、おろさせたまへ。「みまきならひはて〻」とはべらむ、いと〵よき事にはべなり。れいのあやしうはべめれど、くだものむつまいらす。

〈こちらから人を行かせようとしておりましたときに、嬉《うれ》しいことにそちらからお便りを頂きました。
お便りにあるように、稚児が山を下りて帰りたがっていない様子を、本当に、かえすがえす嬉しく思っております。稚児が山を下りたいというときには、下山させて下さいませ。「三巻を習い終わってから」といっているのは、とても良いことです。

いつものことで、つまらないものですが、果物を六つお届けいたします〉

母親は子供が帰りたいといわず、山に落ち着いていることを知って安心し、喜んでいると書いている。反面、心の隅では帰りたがっているに違いないとも思っている。その微妙な心の揺れが、「下山したいというときには、帰らせて下さい」ということばに繋《つな》がっている。六つと数えている果物は、かたちの大きいものだったのであろう。

あはせのきぬまいらす。いとみぐるしげにはべめり。これをばよる〳〵きせさせたまへ。ひるはひとへどもをきせさせたまへ。

京のあつさこそ、つねのとしより、いとわりなくはべめれ。

はつかのほどにはおろさせたまへ。「やう〳〵ひかずおほうなしつる」と思たまふるになむ。

れいのあやしのうり、ふたご、まいらせさせはべり。

〈袷《あわせ》の衣をお届けいたします。大変粗末な衣ですが、これを毎夜着せて下さい。昼には単《ひと》衣《え》などを着せて下さい。

京の暑さは、いつもの年より、とても耐えがたいものです。

二十日ごろには下山させて下さい。「だんだん日数を多くしている」とお思いになるでしょうか。

いつもの通り、粗末な瓜《うり》を二籠《かご》お届けいたします〉

この手紙も日付の部分が切れているが、六月の初旬と推測されている。旧暦では、七月からは秋で、六月は晩夏ということになる。「お届けする袷の着物は、粗末なもので、夜寝るときに着せて欲しい。昼は見栄えのいい単衣を着せて頂きたい。京は暑くて耐えられない」と書いているが、そんな中で、比叡山の上では、夜は涼気に包まれているであろうと案じていることがわかる。「日数おほうなしつる」という箇所の正確な意味はよくわからない。

文書の中には、子供の手紙もあるので一通挙げておきたい。

は〻のこ〻ちは、おこたりにてはべり。
「阿闍梨のぜじの事こそ、つきせずなげかしう侍れ」とぞ。
さて京にて倶舎をえならはぬぞ、いとわびしうおもたまへらる〻。明□

〈母の病気は治りました。
「阿闍梨禅師のことは、限りなく残念」とのことです。
京では倶舎《くしゃ》を習うことができないのがとても侘《わ》びしく思われます。明□〉

帰省して、母の下から青蓮房に出した手紙で、母の病気のことや、阿闍梨禅師の叙任が叶《かな》わなかったのを親が残念に思っていることを記し、ここでは倶舎を習えないのがもの足りないと書いている。倶舎は小乗仏教の教義書『阿毘達磨倶舎論《あびだつまくしゃろん》』のことで、その偈文《げもん》（教えを詩のかたちで表わしたもの）が初心者の仏教入門書として暗誦《あんしょう》された。修行中の男児らしく、阿闍梨と倶舎は漢字で書いている。「明□」は署名だが、下の文字は切られて読めない。

男女を問わず、貴族の間で取り交わされた手紙が残っていれば、日常生活の細々としたこと、さまざまな心遣いなどを知ることができるのだが、私的な手紙は残っていない。為房の妻の手紙は、僧侶宛てに書かれ、受け取った僧侶が写本の料紙としたために、子を手離した母親の思いを今に伝えることになった。

手紙を盛んに書いて、心にうつりゆくことを細々と伝え合っていた女性の間で、物語や女流日記が読まれていたわけで、そんなことを考えると、『更級日記《さらしな》』の作者菅原孝標女《たかすえのむすめ》は、東国にいたとき、都の人にどんな手紙を書いただろうか、などと想像したりする。

第二節　法然《ほうねん》――念仏の信心を教える

親鸞が東国の同朋《どうぼう》に対して手紙を書いて信心のあり方を教え導いたことは、第一章で述べたが、親鸞の師である法然も、手紙によって念仏の信仰を広めようとした。

御文よろこひてうけたまはり候ぬ、まことにその丶ちおほつかなく候つるに、うれしくおほせられて候、たんねんふつのもん、かきてまいらせ候、御らん候へし、念仏の行ハ、か

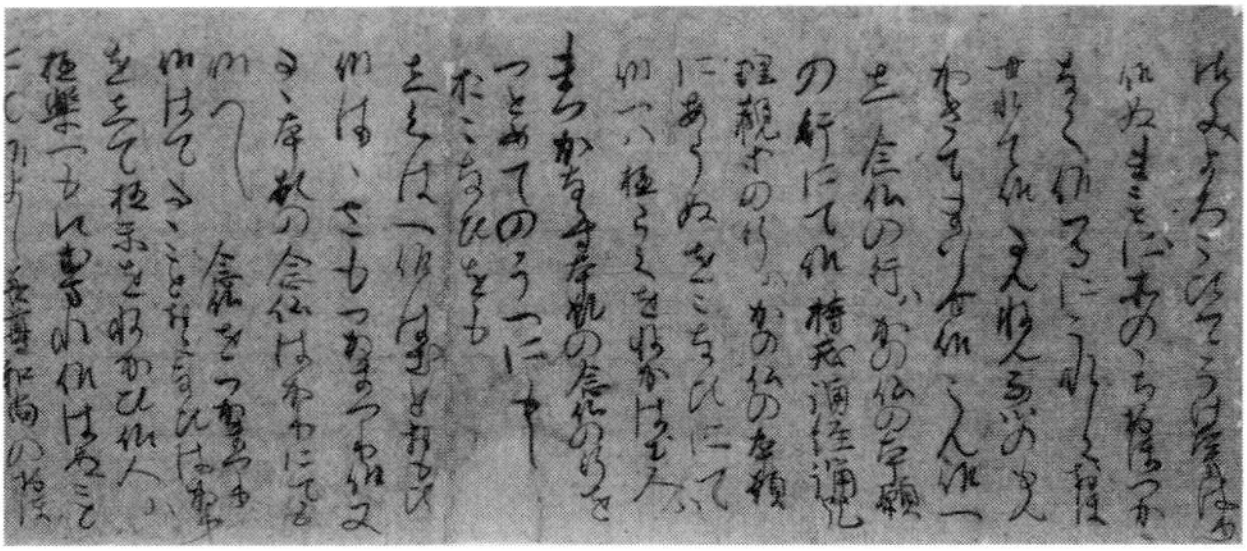

『源空（法然）上人・証空書状』　京都府清凉寺所蔵
鎌倉時代、重要文化財

の仏の本願の行にて候、持戒・誦経・誦呪・理観等の行ハ、かの仏の本願にあらぬをこなひにて候へハ、極らくをねかはむ人ハ、まつかならす本願の念仏の行をつとめてのうへに、もし……おこなひをも……しくはへ候はむとおもひ候はゝ、さもつかまつり候、（「……」は判読できない部分）

〈お手紙喜んで受け取りました。その後、ご様子がわからずにおりましたので、お便り嬉しく存じます。ただ念仏を唱えるだけで往生できるという文を書きましたので、ご覧下さい。

　念仏の行は、阿弥陀《あみだ》如来の本願です。持戒・誦経《ずきょう》・誦《じゅ》呪《じゅ》・理観（絶対の真理と一体になるように観想すること）などの行は、阿弥陀如来の本願の行ではないので、極楽往生を願う人は、まず必ず本願の念仏を唱えて、その上で

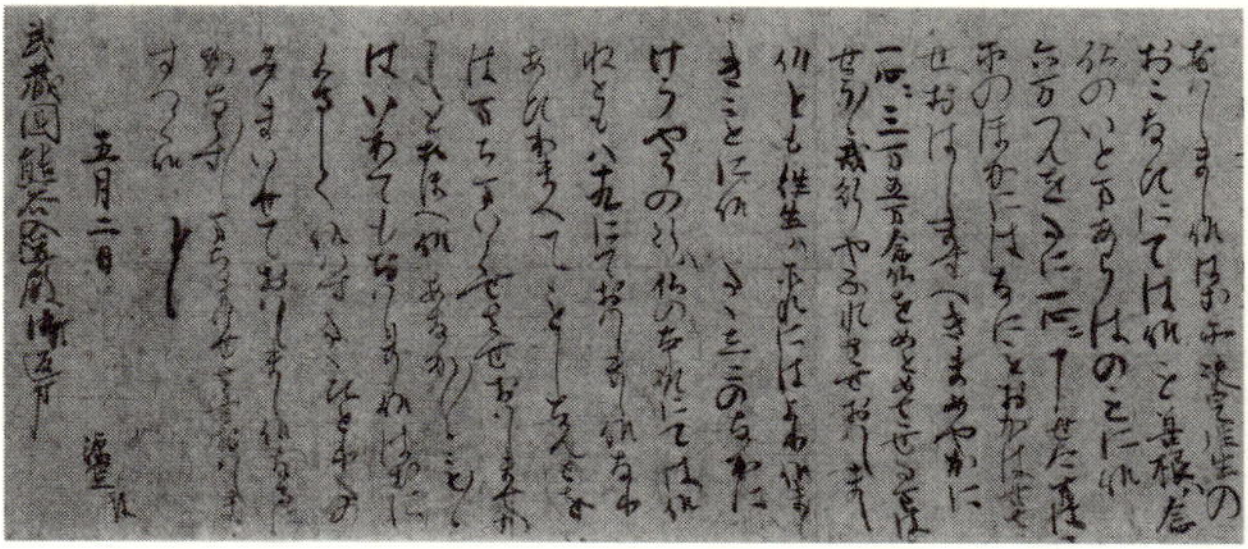

『源空（法然）上人・証空書状』　同前

持戒・誦経などの行を行おうというのであれば、そうするのがいいでしょう〉

又たゝ本願の念仏はかりにても候へし、念仏をつかまつり候はて、たゝことおこなひはかりをして、極楽をねかひ候人ハ、極楽へもえむまれ候はぬことにて候よし、善導和尚のおほせられて候へハ、たん念仏か決定往生の業にては候也、善導和尚ハ阿弥陀化身にておハしまし候へハ、それこそは一定にて候へと申候に候、又女犯と候は、不婬戒のことにこそ候なれ、又御きうたちとものかんたうと候は、不瞋戒のことにこそ候なれ、されハ持戒の行ハ、仏の本願ニあらぬ行なれハ、たへたらんにしたかひて、たもたせたまふへく候、

〈また、ただ本願の念仏だけでもいいのです。念仏を唱

えないで、別のことばかりをして極楽を願う人は、極楽に往生することはできないと、善導和尚が仰せになっていますから、ただ念仏を唱えることが往生を決める業法です。善導和尚は阿弥陀如来の化身でいらっしゃいますから、それこそ疑いないと申し上げるのです。

また女犯《にょぼん》とあるのは、不婬戒《ふいんかい》のことでしょう。また御子息などの勘当とあるのは、不瞋《ふしん》戒《かい》のことでしょう。そうでしたら持戒のことは、仏の本願ではありませんから、できる範囲で戒を保つようになさればいいのです〉

けうやうの行も、仏の本願ニあらす、たへんにしたかひて、つとめさせおハしますへく候、又あかゝねの阿字のことも、おなしことに候、又さくちやうのことも、仏の本願ニあらぬつとめにて候、とてもかくても候なん、又かうせうのまんたらは、たいせちにおハしまし候、それもつきのことに候、

〈孝養に努めることも、仏の本願ではありません。能力に従ってすればよいのです。また銅製の阿字による行法（総《すべ》てのものがサンスクリットの第一字母「阿」に込められていると考え瞑想する行法。銅製の阿字を用いた）も、同じことです。また錫杖《しやくじよう》のことも、仏の本願では

ありません。どちらでもいいのです。また迎接《ごうしょう》〈来迎引接の略、阿弥陀如来が迎えに来て、極楽に入ること〉の曼荼羅《まんだら》は、大切になさい。それも本願のつぎのことです〉

た丶念仏ヲ三万、もしは五万、もしは六万、一心ニまうさせおハしまし候はむそ、決定往生のおこなひにては候、こと善根ハ、念仏のいとまあらはのことに候、六万へんをたに一心ニ申せたまは丶、そのほかにはなにことおかは、せさせおはしますへき、まめやかに一心ニ、三万・五万念仏をめとめ(つ)させたまは丶、せう〳〵戒行やふれさせおハしまし候とも、往生ハそれにはより候ましきことに候、た丶し、このなかにけうやうの行ハ、仏の本願にては候ねとも、八十九にておハしまし候なり、あひかまへて、ことしなんとをは、まちまいらせさせおハしませかしとおほへ候、あなかしく〳〵、こと〳〵はいかてもおハしまし候はむに、くるしく候ハす、た丶ひとりたのみまいらせておハしまし候なるに、かならす〳〵まちまいらせさせおハしますへく候、かしく、

五月二日　　　　　　　　　　源空拝

武蔵国熊谷入道殿御返事

〈ただ念仏を、三万、五万、六万遍、一心にお唱えになれば、それは必ず往生できるという行です。その他の善行は、念仏以外の時間があればのことです。六万遍さえ一心に唱えておいでになれば、その他に何もすることがあるでしょうか。誠実に、三万・五万と唱えれば、少々戒を破っても、それが往生の妨げになることはありません。ただ、質問の中にある孝養のことは、阿弥陀如来の本願の中に書いてありませんが、(母上は)八十九歳になりとのこと、充分気をつけて、今年などの御往生をお待ちになるようと思っております。最期を看取って、往生を待って下さい〉

法然の手紙の相手である蓮生房(熊谷直実)は、極楽往生のために努めなければならないことについて、数々のことを質問したと考えられるが、それに対して法然は懇切丁寧に、念仏だけで往生できるという教えを書いている。蓮生房の手紙には、「老母の看取りのために念仏に専心できないのは、いかがすべきか」という問いがあったようで、それに答えて、親への孝養は阿弥陀如来の本願の行にはないが、心を込めて務めるように教えているところなどは、門弟の問いに丁寧に答える、法然の心配りを彷彿《ほうふつ》とさせる。

この法然の手紙は、京都嵯峨《さが》の清凉寺《せいりょうじ》に伝えられ、『平家物語』などで知られた熊谷直実の伝承に関わるものとして、早くから知られていたが、法然の真筆であるか否かを確かめる術《すべ》がなかった。ところが、一九六二年に、奈良の興善寺の阿弥陀如来立像の胎内から、骨蔵器と文書が発見され、その中に法然の自署がある手紙があり、この手紙の署名と同一人物の筆跡であると認められて、法然の真筆であるとされるに至った。現在は重要文化財に指定されている。

法然が布教のために書いた手紙は、『和語灯録《わごとうろく》』という文集に収められ、広く読まれた。親鸞の手紙が、相手とともに考え、信心を深めていこうとする立場で書かれているのに対し、法然の手紙は、教え導く姿勢で一貫しているように思われる。

第三節　日蓮《にちれん》――信仰者の信念を伝える

鎌倉時代の後半になって、法華至上の信仰を掲げた日蓮は、幕府の政治を批判し、『立正安国論』を北条時頼に呈出し、念仏門を排撃した。「念仏無間・禅天魔・真言亡国・律国賊」（無間は無間地獄のこと、阿鼻地獄ともいう）と唱えた日蓮は、伊豆国《いずのくに》（静岡県）に流され、赦免された一二六四年（文永元）、故郷である安房国《あわのくに》東条郷（千葉県鴨川市）に帰ったが、十一月十一日

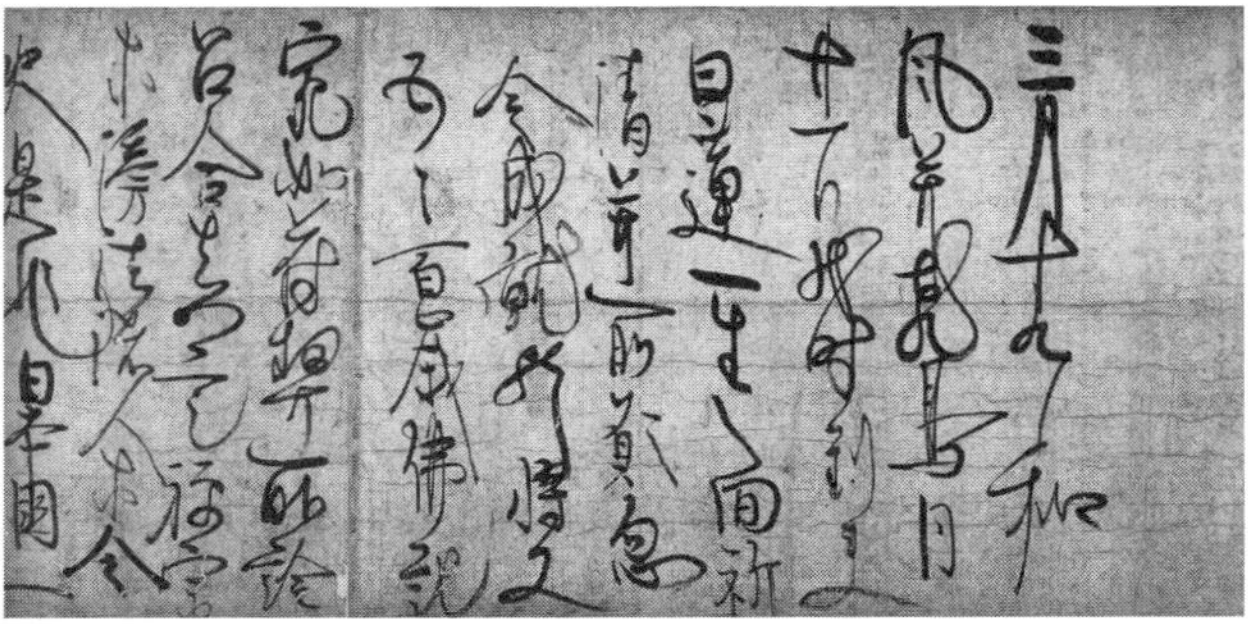

『諸人御返事（日蓮上人筆）一巻』　門弟からの手紙に対する返書の一例
（引用した手紙とは別物）　千葉県本土寺所蔵、鎌倉時代、国指定文化財

に念仏門の集団に襲撃された。
つぎの手紙は、東条郷の襲撃事件の直後に、駿河国《するがのくに》上野郷（静岡県富士宮市）の御家人南条兵衛七郎に知らせて、信心に動揺のないよう教えたもので、日蓮の活動の様子がよくわかる。長い手紙の終わりの部分を挙げる。

今年も十一月十一日、安房国東条松原と申大路にして、申酉の時、数百人の念仏等にまちかけられ候て、日蓮は唯一人、十人ばかり、もの、要にあふものはわづかに三四人也。いるやはふるあめのごとし、うつたちはいなづまのごとし。弟子一人は当座にうちとられ、二人は大事のてにて候。自身もきられ、打れ、結句にて候し程に、いかが候けん、うちもらされていままでいきてはべり。い

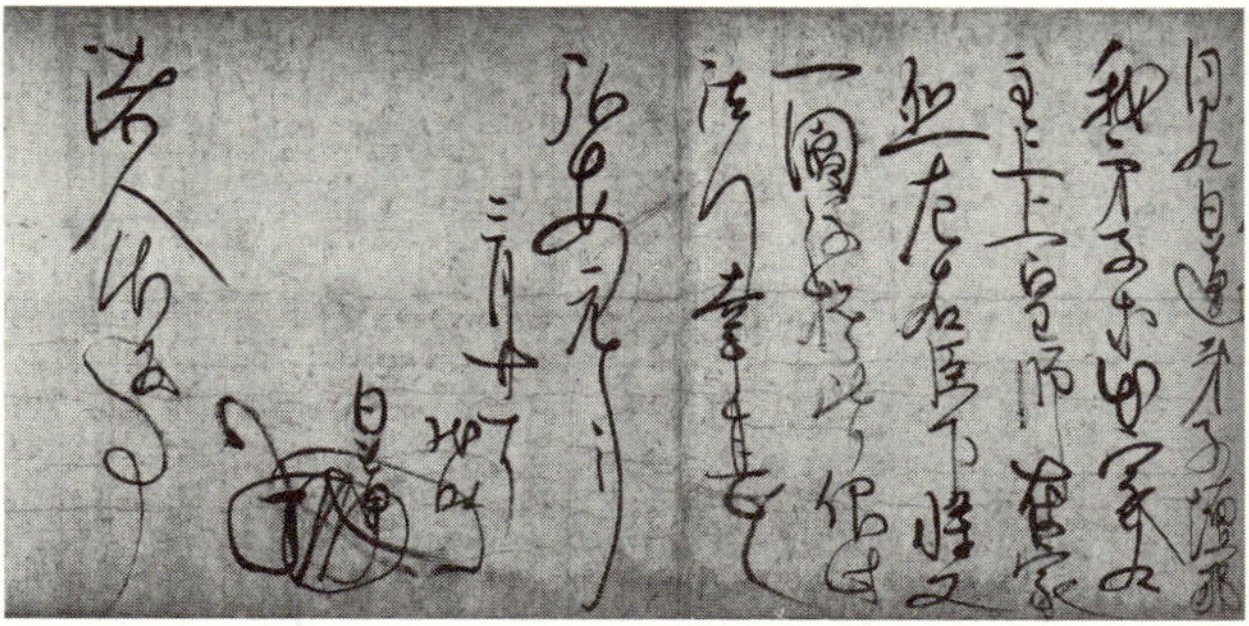

『諸人御返事（日蓮上人筆）一巻』　同前

よいよ法華経こそ信心まさり候へ。（中略）されば日蓮は日本第一の法華経行者也。もしさきにたゝせ給はば、梵天・帝釈・四大天王・閻魔大王等にも申させ給べし、日本第一の法華経の行者日蓮房の弟子也、となのらせ給へ。よもはうしんなき事は候はじ。但一度は念仏一度は法華経となへつ、二心ましまし、人の聞にはばかりなんどだにも候はば、よも日蓮が弟子と申とも御用ゐ候はじ。後にうらみさせ給な。但又法華経は今生のいのりともなり候なれば、もしやとしていきさせ給候はば、あはれとくとく見参して、みづから申ひらかばや。語はふみにつくさず、ふみは心をつくしがたく候へばとどめ候ぬ。恐恐謹言。

文永元年十二月十三日　　日蓮（花押）

なんでうの七郎殿

〈今年、十一月十一日、夕方五時ごろ、東条郷松原の大路で、数百人の念仏宗の輩《やから》の待ち伏せに遇《あ》い、日蓮一人、十人ばかりの連れに、ものの役に立つのは僅《わず》か三、四人しかいませんでした。射る矢は雨のよう、打ちかかる太刀は稲妻のようでした。

弟子一人はその場で殺され、二人は重傷でした。日蓮自身も斬られ、打たれ、これで終わりと思いましたが、どうしたことか、討ち洩《も》らされて今まで生きていて、ますます法華経への信心が深まりました。（中略）ですから日蓮は日本第一の法華経行者です。もし、あなたが先に逝かれるようなことがあれば、梵天《ぼんてん》・帝釈天・四天王・閻魔《えんま》大王などに、日本第一の法華経行者日蓮の弟子だと名乗って下さい。よもやよい効果のないことはありますまい。

ただし、一度は念仏を唱えておきながら、一度は法華経も唱える、というような二心を持って、人に対して恐れはばかるようなことがあれば、とても日蓮の弟子とは思えません。後になって、怨《うら》んだりなさいますな。ただし、法華経は今生の祈りとなっているのですから、もし法華経の祈りに生きておいでならば、何とか早くお目にかかって、直《じか》にお話したく思います。ことばは手紙で尽くせません。手紙は心を尽くせませんので止《や》めます〉

行動的な日蓮の布教活動の様子がよく表われている。念仏門の信者集団に襲われながらも、死を免れたことから、自身を日本第一の法華経行者であると確信し、もし先に冥土《めいど》へ行くことになったときは、閻魔大王などに日蓮の弟子であると名乗れば、気配りをしてくれるであろう、と書いているところなどは、日蓮の布教活動の一面を伝えている。南条兵衛七郎の所領には念仏の信者が多かったので、念仏に宥和《ゆうわ》的な態度をとることのないよう、強く戒める言い方をしているところも興味深い。

日蓮も、親鸞と同じように、手紙の中に門弟たちの喜捨への感謝のことばを書き込んでいる。京都で隠者のような暮らしをしていた親鸞と違って、身延山《みのぶさん》に籠もった日蓮の周りには、多くの門弟が集まっていた。近国の門弟にも有力な武士がいたので、寄進されたものは、米、麦、芋はいうまでもなく、海苔《のり》、蒟蒻《こんにやく》、柑子《こうじ》、帷子《かたびら》などさまざまなものがあり、日蓮は細かに礼を述べ、寄進した人には必ず功徳があると書いている。

第四節　北条泰時――武家の自覚を説く

男性も私的な内容の手紙は仮名で書くことがあった。女性に宛てて思いを伝える手紙は仮名で書き、兄弟への私的な手紙も仮名交じりの和文で書いている。正式の整った漢文を書くことは容易なことではなかったから、和様漢文と呼ばれる和風の文章が用いられるようになり、平安時代中期以降、公的な文書や記録、貴族の日記なども和様漢文で書くことが多くなった。和様漢文は、声を出して読むときには和語の文章として読まれたが、文字は総て漢字で書かれていた。

貴族は、式部省の下に置かれた大学寮や、有力な貴族が設けた大学別曹などで漢字の読み書きを修得し、中国の古典を学んで、国家の記録を読み、律令格式の定めに従って、公的な職務に従事した。僧侶が学ぶ経論は、総て漢訳仏典と、仏典を翻訳する過程で生れた仏教漢文で書かれた典籍であったから、幼時に寺院に入って漢字を学び、仏典のことばや特殊な言い回しを覚え、出家得度のときには、経論を書写し、読むことができるようになっていた。

貴族や僧侶と違って、物心ついたときから漢字に接するような機会が少なかった武士は、文字の読み書きが自由ではなかったが、上層の武士は貴族に仕え、地方官人に接することも多かったから、漢字で書かれた文章を読むことができた。

源平内乱の後、公家政権との折衝の中で、承久の乱を経験し、権力の安定を実現しようとした執権北条泰時は、評定衆の面々と協議をかさねてまとめた「貞永式目」を、幕府の基本法典として、一二三二年（貞永元）八月十日に制定、施行した。それ以前にも幕府は単行の法令は幾つも出していたが、武家社会の慣習に基づく五十一か条の法典が制定されたことは、日本史上画期的なことであった。

泰時は式目の施行に先立って、承久の乱後、京都に幕府の出先機関として置かれた六波羅探題の三代目の北探題として、京都に赴任していた弟の重時に宛てて、長文の手紙を書き、式目を制定したことの意義を伝えようとした。

雑務御成敗《せいばい》のあひだ、おなじ躰《てい》なる事をも、強《つよ》きは申とをし、弱《よは》きはうづもるゝやうに候を、ずいぶんに精好《せいがう》せられ候へども、おのづから人にしたがうて軽重などの出来《いでき》候ざらんために、かねて式条《しきでう》をつくられ候。その状一通まいらせ候。かやうの事には、むねと法《ほう》令《りやう》の文《もん》につきて、その沙汰《さた》あるべきにて候に、ゐ中にはその道《みち》をうかゞい知《し》りたるもの、千人万人が中にひとりだにもありがたく候。まさしく犯《おか》しつれば、たちまちに罪《つみ》に沈《しづ》むべき盗人《ぬすみ》・夜討躰《ようちてい》のことをだにも、たくみ企《くわだ》てゝ、身をそこなう輩《ともがら》おほくのみこそ候へ。まして子細《しさい》を知《し》らぬもの、沙汰《さた》しおきて候らんことを、時《とき》にのぞみて法令《ほうりやう》にひきいれてかんがへ候はゞ、鹿穴《あな》ほりたる山《やま》に入《い》りて、知《し》らずしておちいらんがごとくに候はんか。

〈雑務御成敗（訴訟一般を指す）に際して、同じような事件でも、強い者は言い分をいい通し、弱い者は黙ったままでいることがあり、できるだけ丁寧に審議をしても、自然の成り行きで、当事者の強弱によって裁決に軽重が出てしまうことがあるので、そうならないように、前もって法規の条目が作られました。そのことについて手紙を一通さし上げます。

　このような事については、専《もつぱ》ら律令格式の条文に基づいて裁判が行われるべきですが、田舎には律令の内実を聞き知っている者は、千人万人の中に一人もいません。実行すれば、ただちに罪を問われてしまう盗人・夜討ちなどのことでも、それをたくらみ企てて、身をそこなう者どもが多くいます。まして罪の意識もない者が起したことを、裁判のときになって律令に引っ張り込んで罰を与えるようなことがあれば、まるで鹿を捕える穴を掘った

山に入って、知らないで穴に落ちるようなものではないでしょうか〉

　この手紙は、まずはじめに幕府の裁判は公正でなければならないと述べ、それを実現させるために、前もって法令の条文を定めたのだと記す。ついで、法律といえば、基本である律令格式の条文をめぐって論議が行われるが、東国の田舎にはそうした論議ができる者は一人もいない。罪を犯せば、ただちに裁判にかけられるような場合でも、計画的に罪を犯すには、それなりの事情があろう。それを事情も知らない者が処置し、場当たり的に法律をかざして罰を与えるようなことがあれば、鹿穴が掘られているのを知らずに、山に入って穴に落ちるようなものだという。「法令にひきいれて」処罰するといういい方や、「鹿穴」のたとえは、東国武士の心情をよく伝えている。

　この故《ゆゑ》にや候けん、大将殿の御時、法令《ほうりやう》をもとめて御成敗《せいばい》など候はず。代々将軍の御時も又その儀《ぎ》なく候へば、いまもかの御例をまねばれ候なり。詮《せん》ずるところ、従者主に忠《ちう》をいたし、子親《をや》に孝《けう》あり、妻は夫にしたがはゞ、人の心の曲《まが》れるをば棄《す》て、直《なを》しきをば賞《しやう》して、おのづから土民安堵《あんど》の計《はか》り事《ごと》にてや候とてかやうに沙汰《さた》候を、京辺《へん》には定《さだ》めて物《もの》をも知《し》らぬ夷戎《ゑびす》どもが書《か》きあつめたることよなと、わらはるゝ方《かた》も候はんずらんと、憚《はゞか》り覚《おぼ》え候へば、傍痛《かたはらいた》き次第《しだい》にて候へども、かねて定《さだ》められ候はねば、人にしたがふことの出来《いでき》ぬべく候故《ゆゑ》に、かく沙汰候也。

〈こういうことのためでしょうか、頼朝殿のときには、律令に基づいて裁定するなどということはなく、代々の将軍の御時も律令に拠《よ》ることはありませんでしたから、今もその例に従っているのです。

要するに、従者は主人に忠を尽くし、子は親に孝行をし、妻は夫に従えば、人の心の曲がったところはなくなり、正しいことを奨励していれば、それが自然に土地の住民を安住させるはからいになると考えて、式目の条々を定めたのを、都の辺りではきっと物を知らない鎌倉の東えびすどもが書き集めたことよ、などといって、嗤《わら》う人もいるだろうと、心配しております。ですので、心苦しいことですが、前もって定めておかなければ、当事者の強弱によって裁決に軽重が出てしまうに違いないので、このように定めた次第です〉

そういう経緯があって、大将殿（源頼朝）は、法律によってことを決めることはなく、その後の将軍も同じで、今もそうなっている。要するに、従者は主に忠を、子は親に孝を尽くし、妻は夫に従い、人心を正すという道理に基づいた政治を行うための基本を示したのが式目であるのを、京では、あれは無知な武士どもが作ったものと嘲笑《あざわら》うであろう。しかし、前もって条文に定めておかなければ、公正な政治はできないのである、というのが主張である。泰時は、初代の北六波羅探題だったので、公家が式目を見てどんな反応を示すかを想像することができた。

関東御家人・守護所・地頭にはあまねく披露《ひろう》して、この意《こゝろ》を得《え》させられ候べし。且《かつ》は書《か》き写《うつ》して、守護所・地頭には面々《めんく》にくばりて、その国中《うち》の地頭・御家人ともに、仰《おほ》せ含《ふく》められ候べく候。これにもれたる事候はゞ、追《お》うて記《しる》し加《くわ》へらるべきにて候。あなかしく。

八月八日　　　　　　　　　　　武蔵守　御判

駿河《するがの》守殿

〈関東御家人・守護の館・地頭に広く披露して、この趣旨を納得させて下さい。また書き写して、守護の館・地頭の面々に配って、その国中の地頭・御家人たちを納得させて頂きたいのです。この式目に洩れたことがあれば、追って書き加えられるはずです。あなかし

こ〉

最後に、この手紙の趣旨を、六波羅探題管内の武士に周知させるように指示している。武蔵守《むさしのかみ》は執権北条泰時のことを指し、駿河守《するがのかみ》は泰時の十五歳年下の弟重時で、二年前に北六波羅探題になっていた。「貞永式目」には、執権、連署、評定衆合計十三人が署名する起請文（神仏に捧《ささ》げる誓約文）が付いているが、序にあたる文はない。この手紙は式目の趣旨を述べたものであるが、序であれば、一般的で抽象的な文章になったと思われるところを、趣意を具体的で平明な文章で述べている。弟への手紙でしか書けない、一篇《ぺん》の著述になっているといえよう。

泰時は、八月八日付けの手紙を書いた後、一月余り経って、九月十一日付けの手紙を書いた。幕府要人の手紙は、親鸞の手紙と違って、十日程で京都に届いたと考えられるが、二通目を出したとき、一通目の手紙の返事はまだ来ていなかったと思われる。最初の手紙と重複するところがあるので、一部省略して取り上げることにしたい。

さてこの式目をつくられ候事は、なにを本説として被注載之由《ちゆうしのせらるる》、人さだめて謗難《ぼうなん》を加《くわうる》事候歟。ま事にさせる本文《ほんぶん》にすがりたる事候はねども、たゞ道理《どうり》のおすところを被記《しるされ》候者也。かやうに兼日に定《さだ》め候はずして、或はことの理非をつぎにして其人のつよきよはきにより、或は、御裁許ふりたる事をわすらかしておこしたて候。かくのごとく候ゆへに、かねて御成敗の躰を定《さだ》めて、人の高下を不論《ろんぜず》、偏頗《へんぱ》なく裁定せられ候はんために、子細記録しをかれ候者也。

〈さてこの式目が作られたことについて、何を典拠にして書かれたのかと、人からきっと非難されることがあるでしょう。本当に何か典拠があり、それを頼りにしたことはないのですが、ただ道理に支えられることを書いたものなのです。

このように前もって定めておかないと、或《あ》いはことの理非を二の次にして、当事者の強さ弱さによって裁定が下されてしまい、或いは御裁きから時が経って忘れられているのを、蒸し返して取り上げ直したりするものなのです。このようなわけですから、前もって御裁きのあり方を定めて、人の身分の高下を論ぜず、偏りのない裁定を下されるために、詳しく書かれたものなのです〉

この式目は、公家社会の法律を基準にして定めたものではなく、ただ道理のおもむくところを示しただけなのだが、道理に基づくことを、前もって定めずにいれば、理非によらず、人の強弱によって裁決が行われ、既に裁許が下りているのをまた取り上げたりする、と泰時は公家社会の裁判を批判する。そして、公正な裁判を行うためには、前もって式条を定めておくことが不可欠なのだと述べて、八月八日の手紙の趣旨を補足説明している。

この状は法令のおしへに違《い》するところなど少々候へども、たとへば律令格式《りつりようきやくしき》はまなをしりて候物のために、やがて漢字を見候がごとし。かなばかりをしれる物のためには、まなにむかひ候時は人の目をしいたるがごとくにて候へば、この式目は只かなをしれる物の世間におほく候ごとく、あまねく人に心えやすからせんために、武家の人への計《はか》らひのためばかりに候。これによりて京都の御沙汰、律令のおきて聊も改《あらた》まるべきにあらず候也。

〈この手紙は、律令格式に定められていることと違うところが少々ありますが、例えば律令格式は漢字を知っている者のためのもので、すぐに漢字を見るようなものです。仮名しか知らない者にとっては、漢字に向かったときには目が見えなくなるようなものです。この式目は仮名しか知らない者が世間には多いので、普《あまね》く人々に理解させやすいように、武

家の人々への配慮のためのものなのです。この式目によって京都のなさる御裁判、律令の掟《おきて》に少しの改変もありません〉

しかし、「貞永式目」は仮名文で書かれているわけではない。ただ、文字は漢字であっても、式目の文は和様漢文であって、純粋な漢文ではない。法律の用語は漢字で書くものであり、仮名の和文では書くことはできなかった。

凡法令のおしへめでたく候なれども、武家のならひ、民間の法、それをうかゞひしりたる物は百千が中に一両もありがたく候歟。仍諸人しらず候処に、俄に法意をもて理非を勘《かんがえ》候時に、法令の官人心にまかせて軽重《けいちょう》の文どもを、ひきかむがへ候なる間、其勘録一同ならず候故に、人皆迷惑と云云、これによりて文盲の輩もかねて思惟《しい》し、御成敗も変々ならず候はんために、この式目を注置《ちゅうしおか》れ候者也。京都人々の中に謗難を加《くわうる》事候はゞ、此趣を御心得《え》候て御問答あるべく候。恐々謹言。

九月十一日　　　　　　　　　　武蔵守　在―

駿河守殿

〈およそ律令格式の教えは立派なものですが、武士庶民でそれを知っている者は百千の中に一人二人もいないでしょう。人々は知らないでいるところに、突然法律によって理非を考えようとするときに、律令を専門にする官人が、恣意《しい》的に軽重さまざまな法律の文を引用して考えることで、その判決はまちまちになってしまい、そのために人々皆が迷惑しているといわれています。

そこで、文字の読めない人々も前もって考えをめぐらし、下される裁決がまちまちにならないようにするために、この式目を制定したのです。京都の人々の中に誹謗《ひぼう》を加えることがあったら、この手紙の趣旨をよく理解して対応して頂きたいと存じます〉

公家政権の政治に対する批判が、確かな自信を持って堂々と述べられているが、武家の立場を宣言するには、公家政権を監視する役についている弟への手紙は、最適の文章形式であったといえよう。

第五節　恵信尼《えしんに》――深く秘めた信仰体験を明かす

親鸞は、一二六二年（弘長二）十一月二十八日に、弟の尋有《じんう》の善法院で九十年の生涯を閉じた。荼毘《だび》に付して東山に葬った後、親鸞の娘覚信尼《かくしんに》は、越後国《えちごのくに》（新潟県）に住んでいる母の恵信尼に、父の死を知らせる手紙を送った。恵信尼は、一時は東国から帰って親鸞とともに暮らしていたが、程なく親鸞と別れて故郷の越後国に帰っていた。親鸞の訃報に接して、感慨無量の恵信尼は、さまざまな思いを綴った返事を送った。

こぞの十二月一日の御ふみ、同はつかあまりにたしかにみ候ぬ。なによりも殿の御わうしやう、中々はじめて申におよばず候。

やまをいでゝ、六かくだうに百日こもらせ給て、ごせをいのらせ給けるに、九十五日のあか月、しやうとくたいしのもんをむすびて、じげんにあづからせ給て候ければ、やがてそのあか月いでさせ給て、ごせのたすからんずるえんにあいまいらせんとたづねまいらせて、ほうねん上人にあいまいらせて、又六かくだうに百日こもらせ給て候けるやうに、又百か日、ふるにもてるにもいかなるだい事にもまいりてありしに、たゞごせの事はよき人にもあしきにも、おなじやうにしやうじいづべきみちをば、ただ一すぢにおほせられ候しを、うけ給はりさだめて候しかば、しやうにんのわたらせ給はんところには、人はいかにも申せ、たとひあくだうにわたらせ給べしと申とも、せゝしやうじやうにもまよひければこそありけめとまで思まいらするみなればと、やう〳〵に人の申候し時もおほせ候しなり。

〈去年の十二月一日のお手紙、同じ月の二十日過ぎに確かに読みました。何よりも、殿が御往生なさったこと、とてもすぐにはことばもありません。

かつて殿が比叡山を出て、六角堂に百日お籠もりになって、後世のことをお祈りになったところ、九十五日目の夜が明けようとするころに、聖徳太子のおことばをお唱えになったときに観音菩薩が現れ、お告げのことばを下さったので、すぐまだ暗いうちに堂をお出になり、後世が救われるような縁にお逢《あ》いになりたいとお探しになって、法然上人に巡り会われたのです。

そこで、また六角堂に百日お籠もりになったように、再び百か日、降っても照ってもどんな大事があっても、（法然上人のもとを）お訪ねしておいでになりました。法然上人が、後世のことで、善人でも悪人でも同じように、この生と死を繰り返す迷いの世から出ることができるという道について、ただひたすらお説きになっているのを聞き、殿はその教えに従おうと心に決めておりました。ですから、法然上人がお出でになるところには、人がなんといおうと、たとい地獄・餓鬼・畜生の三悪道に堕ちていかれるに違いないといわれても、「生死をかさねて迷っているこの身なのだと思っているのですから」と、さまざまに人がいうときも、殿はおっしゃったのです〉

恵信尼はこのとき八十歳だったが、親鸞の死の知らせを受けて、娘にまず伝えようとしたのは、親鸞が専修念仏に帰依したときの経緯だった。親鸞が比叡山の常行三昧堂《じょうぎょうざんまいどう》の堂僧を務めていたこと、思うところあって山を下り、六角堂（頂法寺）に百日間参籠する修業をしていたが、その九十五日目の暁の夢のお告げによって、法然の下に身を投じたことを、恵信尼は親鸞から聞いたままに伝えている。この親鸞伝の中の最も重要な出来事は、この手紙だけが伝えることである。それに続けて恵信尼は、もう一つ大切な思い出を述べる。

さてひたちのしもつまと申候ところにさかいのがうと申ところに候しとき、ゆめをみて候しやうは、だうくやうかとおぼへて、ひんがしむきに御だうはたちて候に、しんかくとおぼえて御だうのまへにはたてあかししろく候に、たてあかしのにしに御だうのまへにとりゐのやうなるに、よこさまにわたりたるものに、ほとけをかけまいらせて候が、一たいはたゞほとけの御かほにてはわたらせ給はで、たゞひかりのま中ほとけのづくわうのやうにて、まさしき御かたちはみへさせ給はず、たゞひかりばかりにてわたらせ給、いま一たいはまさしき仏の御かほにてわたらせ給候しかば、これはなにほとけにてわたらせ給ぞと申候へば、申人はなに人ともおぼえず、あのひかりばかりにてわたらせ給は、あれこそほうねん上人にてわたらせ給へ、せいしぼさつにてわたらせ給ぞかしと申せば、さて又いま一たいはと申せば、あれはくわんおんにてわたらせ給ぞかし、あれこそぜんしんの御房よ、と申とおぼえて、うちおどろきて候しにこそ、ゆめにて候けりとは思て候しか。

〈さて、常陸《ひたち》の国の下妻というところにある、さかいの郷というところに居《お》りましたときに夢を見ました。それは、お堂の落慶供養のようでした。東向きにお堂が建っていて、供養の予行と思われて、お堂の前には立て灯が明るく輝いていました。

立て灯の西のお堂の前に、鳥居のようなものがあり、横に架けたものに、仏の絵像をお掛けしているのですが、一体は普通の仏のお顔ではなく、ただ光の真中に、仏の後光のようで、はっきりしたお姿はお見えにならず、ただ光ばかりでおいでになります。

もう一体ははっきりした仏のお顔でおいでになりましたので、「これは何という仏でいらっしゃいますか」と申しましたら、答えた人は誰かわかりませんが、「あの光だけでおいでになるのは、あれこそ法然上人でおいでになります。勢至菩薩でいらっしゃいますといいますので、「それでは、もう一体は」と申しますと、「あれは観音菩薩でおいでになります。あれこそ善信の御房ですよ」というのを聞いて、目が覚めたのですが、夢だったのだと思ったことでした〉

親鸞が夢でお告げを受けた話について、恵信尼は、常陸国下妻のさかい（茨城県下妻市坂井）にいたときに見た夢のことを語る。新しいお堂の供養なのか、煌々《こうこう》と灯明《とうみょう》に照らし出された横木に二体の画像が架けられていたが、一体は光ばかりで何仏なのかわからないでいると、誰かわからない人が、あれは勢至菩薩の化現で法然上人だと教えてくれ、もう一体はと訊《たず》ねると、観音菩薩で善信御房、つまり親鸞だと答えたので、驚いたところで夢が醒《さ》めた。恵信尼は手紙の中で、親鸞のことを殿、ぜんしんの御房、自分のことをあま、ゑしん、ちくぜん、などと記し、娘の覚信尼をわうごぜん、覚信尼の侍女をわかさと書いている。

さは候へども、さやうの事をば人にも申さぬとき﹅候しうへ、あまがさやうの事申候らむは、げに〳〵しく人も思まじく候へば、てんせい人にも申さで、上人の御事ばかりをばとのに申て候しかば、ゆめにはしなわいあまたある中に、これぞじちむにてある、上人をばしよ〳〵にせいしぼさつのけしんとゆめにもみまいらする事あまたありと申うへ、せいしぼさつはちゑのかぎりにて、しかしながら、ひかりにてわたらせ給と候しか。とんくわんおんの御事は申さず候しかども、心ばかりはその﹅ちうちまかせては思まいらせず候しなり、かく御心へ候べし。

〈そのような夢をみましたが、そのようなことは人にはいわないものと聞いていましたし、そのうえ、私がそのようなことを申しても、人は本当のこととは思わないに違いありませんから、まったく人にもいわないで、法然上人の御ことだけを殿に申しましたところ、「夢には種類がたくさんある中で、これは正夢である。法然上人のことをあちこちで、勢至菩薩の化身として夢に見たことは多いといわれている上に、勢至菩薩は知恵を極めた方で、そのまま光でおいでになる」とおっしゃったことでした。

このときには、殿が観音菩薩でおいでになったということは申しませんでしたが、心のうちだけでは、その後は決して殿が世間普通の方なのだとお思いすることはありませんでした。あなたもそのように御心得になって下さい〉

勢至菩薩は知恵の光によって世界を照らす菩薩で、法然は比叡山で知恵第一といわれた。観音菩薩は慈悲救済の菩薩で、勢至菩薩とともに阿弥陀如来の脇侍《きようじ》とされる。恵信尼は、夢の中の光に包まれた菩薩が法然であると知らされ、もう一体が観音菩薩で、親鸞はその化現であると告げられたが、法然上人のことだけを親鸞に話して、正夢だといわれた。親鸞のことは何十年も誰にもいわなかったが、心の中では、堅く信じていたと、書いている。親鸞を観音菩薩の化現と信じ続けた、八十歳の女性の希有《けう》の手紙といわねばならない。

されば御りんずはいかにもわたらせ給へ、うたがひ思まいらせぬうへ、おなじ事ながら、ますかたも御りむずにあいまいらせて候ける、おやこのちぎりと申ながら、ふかくこそおぼえ候へばうれしく候〳〵。

〈ですから、御臨終がどのようでおありになっても、疑いをおかけしない上では、同じことですが、益方《ますかた》も御臨終にお逢いしたそうで、親子の契りと申しますが、深い意味があるように思えて嬉しく存じます〉

覚信尼の手紙には、父親鸞の臨終に、浄土往生の奇瑞《きずい》が現れなかったというようなことが書かれていたのであろうか。恵信尼は、何十年もの間、誰にも語らなかった自身の宗教体験を書き、親鸞が極楽往生を遂げたことを疑ってはならないと諭し、益方が臨終の父に逢えたのも、仏の配慮によるものと思うと述べている。益方は、親鸞と恵信尼との間の子で、俗名有房、法名道性といった。益方は道性が住んでいた土地の名で、新潟県上越市板倉区関田と考えられている。

ヨーロッパの中世には、ハデウェイヒ（十三世紀、フランドルの女性詩人）の『幻視』をはじめ、宗教体験を述べた数々の文書がある（上智大学中世思想研究所編訳・監修『女性の神秘家』中世思想原典集成15、二〇〇二年）。恵信尼の手紙は、日本では稀《まれ》な、幻視の記憶を書いた女性の手紙で、母と娘が離れて、越後国と京都で暮らしていたために、信心を吐露した詳しい手紙が書かれたのである。

恵信尼の手紙は、一九二一年に西本願寺の宝物庫で発見された。法然に帰依する前、親鸞が比叡山の常行三昧堂の堂僧だったこと、越後国から東国へ移住した親鸞の信心の深まりを伝える宗教体験のことなどが明らかになり、恵信尼文書は親鸞研究に一時期を画した。恵信尼の文書は十通あるが、その中に、親鸞の死を知って感慨に堪えず書いた手紙四通と、晩年の生活を伝える四通の手紙がある。手紙を受け取った覚信尼と、その子覚恵《かくえ》、孫覚如《かくによ》は見て書き込みをしているが、その後長く人目に触れることはなかった。

第六節　多様な文体と文字の工夫

奈良時代の貴族は、漢文の「状」や「啓」を書いて、自分の意思を伝えた。当時の貴族にとって、漢文を書くことは困難なことではなかったように思われるが、中国語で暮らしていない人間にとって、それは不自由なことであったのはいうまでもない。漢字の字体には篆書《てんしょ》や隷書などさまざまなものがあるが、日本では王羲之《おうぎし》の書を模範とする楷書《かいしょ》が用いられた。ただ、中国では時代によって、異なる字体が使われており、書法もさまざまに変化していて、律令制度の下に置かれた大学寮では、漢字の書体を教える書博士と、読み方を教える音博士が基礎教育を行っていた。

平安時代になると、漢字に親しみ馴《な》れてきた貴族は、写経に見られるような端正な楷書を、自由で書きやすい行書、草書に変えていき、優美な書で漢詩文を書く名筆家が持てはやされるようになった。平安初期には、三筆と呼ばれる嵯峨《さが》天皇、空海、橘逸勢《たちばなのはやなり》が知られ、中期には、三蹟と称される小野道風、藤原佐理《すけまさ》、藤原行成などによって、和風の書が生み出された。仮名文字は片仮名と平仮名の二種の文字が使われていたが、字形が整理される一方、和歌を優美に書くために、草書体の文字を用いて変化を持たせるようになり、さまざまな字体の文字が用いられ、後に変体仮名と呼ばれるようになった。

経書や史書、詩文を学ぶだけでなく、日本の歴史を書き、日本の生活に根差した詩文を書こうとすると、漢文の表現にさまざまな工夫を加えることが必要になった。仏教の経典は、寺院の儀礼の中で音読されたが、音読した語句を理解するために読まれる注釈書は、日本のことばに引き寄せて読まれるようになって、訓点という方法が生み出された。訓点には、幾つもの系統が生れて使用された。漢文の中に細かに書き込まれた訓点の約束に従って本文を辿《たど》っていくと、漢文を日本語の文章として読むことができるという、画期的な手法であった。

漢文は音読の棒読みとは別に、漢文訓読文として読み上げられ、李白《りはく》、杜甫《とほ》や白楽天の詩は、音読ではなく、訓読文で朗詠され、親しまれた。訓点の記号を仮名に書き換えていけば、漢文書き下しという文体が生れる。漢文を学んだ貴族や僧侶は、訓点に馴染《なじ》んでいたので、漢文に仮名を補った不自然な文章で、説話などが書かれた。漢文書き下し文から、流麗な和漢混淆《こんこう》文が生れるのは後のことになる。

仮名文字が生れて、女性の間で平仮名が広まったが、男性の貴族、官人は公的な場では漢字しか使わなかった。といっても、漢文で貴族社会の出来事を詳しく記述するには、漢詩文の知識が不足していたし、日本語を総て漢語に置き換えることは不可能だったので、和語と和文の文脈を取り込み、漢字だけで書く和様漢文が生れた。日記を書き続ける貴族は少なくなかったが、その日記は漢字だけで書く和様漢文によっていた。

社会組織が変化して、荘園《しょうえん》制度が生れると、荘園所領の管理経営に関する文書や、武士の権利などに関わる文書は、和様漢文で書かれた。和様漢文は、武家社会では公的な文書に用いられ、下知状、中状など、そして『吾妻鏡《あずまかがみ》』のような幕府の記録も和様漢文で書かれた。

仮名の文章を書くときは、文字の大きさに変化を付けたり、墨つぎや改行に気配りをしたり、ところどころに漢字を入れたりして、読みやすくするための工夫がかさねられた。こうして、中世では、文章道の知識を持つ貴族や経論解読の修行を積んだ僧侶が書く漢文、日記を書く貴族や行政の記録を作り文書を作成する文筆家などが用いる和様漢文、仏典の講釈を記録する仮名交じり漢文、漢文書き下し文、女性の間で用いられた仮名による和文といった多種多様な書きことばが広まり、文筆の能力がある人は、幾つもの文体を使い分けることができた。その後、昭和の初期まで、日本の知識人は、漢文、和様漢文、候文、和文を自在に使い分け、和文には、擬古文、俳文、戯作文などがあり、明治半ばには新たに翻訳文体も現れた。

文章を書く人が増えると、日本の草木や魚鳥などを指す漢字を、中国で通用しているのとは別の意味で用いるようになり、さらに、「榊」「凩」「凪」など、中国にはない文字を作った。こうした日本独自の漢字は国字と呼ばれる。また、菩薩の二文字の草冠をかさねて、「廾」と書くことで菩薩を表わし、「廾」の右下に点を振って菩提《ぼだい》を表現するようにしたり、灌頂《かんじょう》の「灌」のさんずいと「頂」の丁をとってきて、「汀」という一文字で灌頂を表わすようにするなど、僧侶の間ではさまざまな略字が用いられた。

親鸞の手紙を見ると、書き出し、本文、日付、宛名、署名、追伸といった構成で書かれているが、それより百五十年以上前の藤原為房の妻の手紙は、このころに既に、中世を通じて見られる手紙のかたちが成立していたことを示している。手紙を書くことが盛んになると、手紙の作法ができ上がり、手紙はそれに従って書かれるようになった。文字を学ぶ人が増えていったのは、国史や律令を読み、公的な文書を書くためではなく、物語や説話集を読み、日記を書くためであり、手紙を読み、書くためであったといってよい。

律令国家は中国に倣って統治制度を整え、行政の執行は、文書によって行うこととした。文書の形式は「公式令」に定められた。「養老令」には詔書、勅旨、論奏、令旨など二十一種類の公文書の書式が規定され、注意すべき文字遣い、印章などのことも書かれている。私文書にも、啓、状などの種類があった。

貴族文人の詩文を集めた『本朝文粋《ほんちょうもんずい》』には、書状も収められているが、その編者である藤原明衡《あきひら》は、それとは別に二百通を超える手紙を集めた模範手紙文集『明衡往来《めいごうおうらい》』を編纂《へんさん》した。「往来」とは、往信と来信、つまり手紙のことである。文章を書く人が多くなる中で、手紙の文例集が求められるようになったので、『明衡往来』は広く読まれた。

第二次世界大戦後の早い時期に始まった、高山寺の資料調査で発見された『高山寺本古往来』は、高山寺に伝えられていた表白集の紙背に記されていた手紙文集で、和様漢文で書かれた五十六通の手紙が集められている。成立時期は『明衡往来』と同じころと考えられ、日本文学、国語学、史学など広い分野の研究者の関心を集めた。

手紙文集が読まれるようになって、手紙の書き方に関心が集まり、手紙の作法と礼法は書札《しょさつ》礼《れい》と呼ばれるようになった。仁和寺の守覚法親王の『消息耳底秘抄《しょうそくじていひしょう》』は、鎌倉時代初期の書札礼の集大成である。用紙のこと、本文の書き出しの決まり、末尾のことば、宛名の書き方、署名の仕方、注意すべき用語、日付の書き方、封の仕方など、さまざまなことについての作法が求められた。中世に広まった手紙の書き方は、近世の身分制度の中で、さらに細かな決まりが付け加えられ、その基本は現代まで受け継がれている。

手紙の本文は、平安時代に入ると、和様漢文で書かれることが多くなり、仮名交じりの手紙も増えていった。女性は仮名の和文で書いたが、日常の出来事、生活に関わることを書いた手紙を集めると、生活に必要な知識が網羅されていることになるので、手紙文集は生活の知恵を教える教科書として用いられるようになった。手紙文集を読み、書写することが、初等教育の定型になった。

第三章　世の移り行きを書く

第一節　仮名文字で書く歴史

仮名文字を使うことによって、日本人は心の内を伝える手紙を書き、和歌とそれに添えた短い文章だけでは尽くせなかったことを伝えることができるようになった。ここまでの二章でそのことを説明してきたが、一人の相手に宛てて書かれた手紙が、書いた人の心情や思想を伝える著作として読み継がれた例は少なくないし、手紙文集のかたちで知識を集成する本が次々に作られたのも、中世文化の特徴の一つであった。

漢文のさまざまな約束から解放された人々は、自分の心情を表現するだけでなく、世の中の動きを見たままに記述しようと考え始めた。本というものは、歴史を書くことから始まったといわれているが、日本でも、最初の本として伝えられたのは『古事記』と『日本書紀』であった。中国では、天の意志は歴史の中に現れると考えられていたので、歴史を書くことは大切にされた。それに倣った日本でも、中国の『史記』や『漢書』などの正史を模範にして、日本の歴史を編纂《へんさん》しようとしたが、四海天下の壮大な歴史を編纂した中国のようにはいかず、正史の本紀に当たる部分を模して、歴代天皇の事歴を書いていくのが精一杯であった。

しかし、文筆能力を保有するようになった国家は、祭祀《さいし》や儀礼に関するさまざまな知識、訴訟裁判の記録、租税の賦課や徴収の台帳など、さまざまな文書の整理保存に努めるようになった。種々の記録・文書は、それを活用する行政組織に応じて、さまざまな方法で管理されたが、記録・文書を年月の順に配列したのが歴史書であったということもできよう。国史は当然、漢字漢文で書かれた。

日録のかたちで書かれた国史は、ある事件が起ったとき、その原因に遡り、全体を見渡して、その意味を詳しく記述するのに適していないし、通読するのにも向いていない。また、事件の細かな動きを書くのも、漢文では自由にならなかった。平安時代の半ば以降、対外的な緊張が薄らぎ、宮廷貴族による政治が故事先例に拘泥するようになると、宮廷の儀式や公卿僉議《くぎょうせんぎ》(内裏または院で行われる公卿の会議)の次第を細かに書いた日記が尊重されるようになり、国史の記事では不充分だと考えられて、国史の編纂は行われなくなった。

公家の日記は、宮廷の動きを詳しく書いたが、漢文で書くのは難しいことが多かったので、漢文に手を加えた和様漢文が編み出され、一見漢文に見えて、和文として読めるというものが現れた。国家が編纂した『日本書紀』『続日本紀《しょくにほんぎ》』『日本後紀《こうき》』『続日本後紀』『日本文徳《もんとく》天皇実録』『日本三代実録』の六国史は、制度の由来や国政の先例を検索するために参照されたが、政務処理のために必要な記事の検索を容易にした『類聚国史《るいじゅうこくし》』が編纂されると、貴族官人たちはそちらを参照するようになり、さらに六国史を簡略にした『日本紀略』や種々の年代記で、日本の歴史の概略を知るようになった。

紀伝道、文章道の学問を学び、『文選《もんぜん》』や『白氏文集《はくしもんじゅう》』などを愛読した貴族官人に対して、宮廷の女房たちの間で、仮名文字で書かれた物語が読まれるようになると、貴族社会の歴史を物語の手法で書くことが始まり、藤原道長の栄華を頂点とする、平安時代中期約二百年間の歴史を編年体で語る『栄花物語』が現れた。正編三十巻、続編十巻の長編の物語は、巻ごとに雅《みやび》な題が付けられ、優美な文章で書かれている。宮廷社会の移り変わりが細やかに語られているが、作者と考えられる女性の見聞として書かれた物語が、権力争いの表裏や、荘園《しょうえん》の管理経営などにふれることは難しく、仮名文字と女房ことばでは、宮廷の外の庶民や地方への目配りは、望むべくもなかった。

『栄花物語』より少し後れて、歴史物語の中に、歴史の現場を見聞きしてきた語り手を登場させるという、新しい手法が現れた。『大鏡』がそれで、摂関政治の始まりから、藤原道長・頼《より》通《みち》の時代まで、百七十六年間の歴史を見聞きしてきたという百九十歳の大宅世継《おおやけのよつぎ》と、百八十歳の夏山繁樹《なつやまのしげき》とその妻に、歴史を語らせるというかたちになっている。百七十六年間の歴史を見てきたという人間が実際にいるはずはなく、三人が現れるのは、元慶寺《がんけいじ》の別院として貴族たちの信仰を集めた洛北《らくほく》の雲林院で、間もなく菩提講《ぼだいこう》が始まるという、非日常的な空間である。

かくて講師まつほどに、我もひともひさしくつれ〴〵なるに、このおきなどものいふやう、「いで、さう〴〵しきに、いざたまへ。むかしものがたりして、このおはさう人〳〵に、「さは、いにしへは、よはかくこそ侍りけれ」ときかせたてまつらん」といふめれば、いまひとり、「しか〳〵、いと興あることなり。いでおぼえたまへ。とき〴〵、さるべきことのさしいらへ、しげきもうちおぼえ侍らんかし」といひて、……　（巻第一）

〈こうして講師の登壇を待つ間に、皆すっかり退屈してしまっていたところに、この翁《おきな》たちが「さあ、手持ち無沙汰なので、昔話をして、ここにおいでの方々に、『それでは昔の世の中は、そんな風だったのか』とわかってもらえるように、聞かせようではありませんか」というと、もう一人の翁が、「それはきっと面白いことでしょう。さあ、昔のことを思い出して話して下さい。時々私も思い出して相槌《あいづち》を打つことにしましょう」といっ

て、……〉

という説明の後、百七十六年間の歴史の物語が始まる。宇多《うだ》天皇の母后の召使だった世継と、十貫文の銭で養父に引き取られ、長じて太政大臣に仕えた繁樹は、権力者の噂《うわさ》を伝え聞いたり、宮廷の様子を垣間《かいま》見たりする機会を得て、見聞きしたことを語り合うが、それを書き留めた『大鏡』の作者は、

「いかでかくよろづのこと、御簾のうちまで聞覧」とおそろしく。かやうなる女・をきなゝんどのふるごとするは、いとうるさくきかまうきやうにこそおぼゆるに、これはたゞむかしにたちかへりあひたる心ちして、又〳〵もいへかし、さしいらへごと・ゝはまほしきことおほく、こゝろもとなきに、「講師おはしにたり」と、たちさはぎのゝしりしほどに、かきさましてしかば、いとくちをしく、……（巻第六）

〈「どうして、あれこれと後宮の御簾《みす》の奥のことまで、聞き知っているのか」と気味悪く、このような老婆や翁などが、昔話をするのは大変くどくて、聞くのも嫌なように思われる

のに、今回ばかりは昔に戻ったような気がして、もっと話してほしい、訊《たず》ねたいと思うことも多く、気がせいているのに、「講師がおいでになった」といって、会場が騒がしくなったので、現実に戻されて、大変残念なことで、……〉

と、ようやく菩提講の講師が登場したところで、物語に終止符を打っている。

『大鏡』は、貴族たちの関心を集め、続く時代の歴史を語る『今鏡』が書かれた。しかし、歴史を現場で見てきたという語り手を登場させる手法も、日本国の初めから『大鏡』の前までを語る『水鏡』では、超高齢者を出すというわけにもいかず、葛城山《かつらぎさん》・吉野山などに住む仙人から話を聞いた修行者がその話を老尼に語り、それを老尼が書き記したということになっている。さらに、『今鏡』の後を後醍醐《ごだいご》天皇の時代まで語った『増鏡』という歴史物語も書かれ、この書き方の歴史書は「鏡物」と呼ばれている。

この手法による歴史の書き方は、儀式や年中行事とそれを執り行う貴族の動静、権力者の交替が藤原氏によって執りしきられていた時代の歴史を書くのには適していた。しかし、一人の語り手に見聞可能な時空は限られていたため、武士の動きが活発になり、都の外で戦乱が起るようになると、歴史の動きを追うことはできなくなり、『増鏡』のように、動乱をはらむ時代を優美な宮廷絵巻のように語ることはできても、鎌倉時代から南北朝時代への歴史のうねりを捉えるには、無理のある手法となった。

第二節　合戦の顚末《てんまつ》

十世紀初頭、都では歴史物語が語るような優美な時が流れていたが、地方では、在地領主の動きが活発になり、都の貴族社会を脅かし始めていた。領主は開発したおのれの領地の保持のために武力を蓄え、勢力の拡張を図って武力に訴えることも珍しくなかった。域内の安定のためだけでなく、異民族の侵攻に対してもさまざまな備えを持っていた中国の国家と違って、日本の王朝国家は常備軍を持たず、内裏の内を守る近衛府《このえふ》、内裏の門を警備する衛門府、その他を警護する兵衛府という備えの他は、令外《りょうげ》の官（律令制下で令に規定された以外の官）の検非違使《けびいし》があるだけだった。

地方の武力衝突が拡大して、長期にわたって治安を乱すことになると、朝廷も放置しておくわけにいかず、地方に勢力を張り、配下に多くの武士を従えている豪族に、追捕使《ついぶし》、鎮守府将軍などの臨時の官職を与えて、鎮圧に向かわせた。

地方で起った戦乱で、都の貴族を恐怖に陥れたのは、九三五年（承平五）、東国に勢力を伸ばしていた桓武《かんむ》平氏の平将門が、一族の相続争いで伯父の平国香を殺したことに始まる平将門の乱であった。戦乱が東国一円に広がる中で、将門は常陸国《ひたちのくに》（茨城県）の国府を焼き払い、下野国《しもつけのくに》（栃木県）、上野国《こうずけのくに》（群馬県）の国府も陥れ、自ら「新皇」と称して下総国《しもうさのくに》の亭南（茨城県坂東市）に王城を置き、文武百官を任命し、さらに一族を東国の国司に任命した。朝廷は九四〇年（天慶三）になって、藤原忠文を征東大将軍に任じて鎮定させようとしたが、それより先に、将門は平貞盛・藤原秀郷に攻められて敗死した。

発端から終息までの顚末は、十年に及ぶ間の将門の動静を記した『将門記《しようもんき》』に記されている。征東大将軍に任じられた藤原忠文、将門を討った平貞盛と藤原秀郷は、恩賞を要求するために、自らの働きを記した文書を朝廷に提出したであろうし、さまざまな文書を集めて、貴族官人に合戦の記録を作らせたと思われるが、『将門記』の作者について確かなことはわかっていない。『将門記』は、一例を挙げると、つぎのような漢文で書かれている。

於斯将門之兵十人不足、揚声告云、昔聞者、由弓楯爪、以勝於数万之軍、子柱立針、〔以〕

奪千交之鉾、況有李陵王之心、慎汝等而勿面帰、将門張眼嚼歯、進以撃合、于時件敵等、弃楯如雲逃散、将門羅馬而如風追攻矣、

（○由弓・子柱＝この二人と故事の出典は不明。爪や針のような小さな武器で相手に勝ったという。○李陵王《りりようおう》＝前漢の人、匈奴《きようど》と戦った猛将）

この文は、「ここに将門が兵《つはもの》十人に足らず。声を揚《あ》げて告げて云はく、昔聞きしかば、由《ゆ》弓《きう》といひしひとは爪《つめ》を楯《たて》として、もて数万の軍《いくさ》に勝ちき。子柱《しちう》といひしひとは針を立てて、もて千交《せんかう》の鉾《ほこ》を奪《ば》ひき。いはむや李陵《りりよう》王の心あり。慎みて汝等、面《おもて》を帰《かへ》すことなかれといへり。将門は眼《まなこ》を張り歯を嚼《か》みて、進みてもて撃ち合ひぬ。時に件《くだむ》の敵等、楯を弃《す》てて雲のごとく逃げ散る。将門馬に羅《かか》りて風のごとく追ひ攻む」と読んだものであるが、日本人が漢文を書くということは、中国の本に倣って、故事を並べ、語句を選んで文章を作っていくことで、なかなか手間のかかる仕事であったことがわかるであろう。

将門と時を同じくして、瀬戸内海の海賊の平定に功を挙げた伊予掾《いよのじよう》藤原純友が、伊予国（愛媛県）の紛争に関わり、恩賞の不満を掲げて反乱を起したが、九四一年（天慶四）、大宰府《だざいふ》の戦いに敗れて、橘遠保《たちばなのとおやす》に殺された。東国と西海で同時期に起った内乱は、都の貴族に将門と

純友が連携して中央に叛《そむ》いたのではないかという恐怖を抱かせ、乱の顚末に深い関心を持たせた。

平将門が一族の内紛を制して、新しい国を作ろうとしたのは東国のことであったが、さらに北の土地では、服属した蝦夷《えみし》を支配して、陸奥国《むつのくに》（福島・宮城・岩手・青森県および秋田県の一部）で勢力を拡大した安倍頼時が隣郡に侵入したので、朝廷は源頼義、義家父子に平定を命じた。頼時は一時帰順したが、再び反乱を起し、頼時の子貞任《さだとう》、宗任《むねとう》の追討に苦戦した頼義、義家は出羽国《でわのくに》（山形県・秋田県）の豪族清原氏の援《たす》けを得て、ようやく鎮圧することができた。

安倍氏鎮圧の後、清原氏は鎮守府将軍として、奥羽に威を振ったが、一族の間に内紛が生じ、清原清衡《きよひら》の援けを受けた源義家によって、一〇八七年（寛治元）に紛争が平定された。奥羽の内乱は長期にわたったので、安倍氏が起した戦乱を前九年の役といい、清原氏の内乱を後三年の役という。前九年の役が終わって間もなく、源頼義の戦いぶりを伝える『陸奥話記《むつわき》』が書かれた。『将門記』と同様、漢文で書かれている。この二つの本は、貴族官人の手による戦功の報告書と考えられるが、後に中世文学の中心となる軍記物語の先駆をなすものとして、重視されている。

事件の顚末を述べた文書は、都の貴族たちの関心を引き、異境の戦の報告は貴族たちの間で読み継がれ、恐ろしい噂として広まった。それより前、寺院では、説法で取り上げられる経典の中の寓話《ぐうわ》を、平易なたとえ話として文章化し、寺院の沿革や儀礼、年中行事の始まりを教える話、高僧の事績などが書き留められた説話集が編集され、貴族社会でも名高い人物の逸話や、さまざまな事件の顚末が書かれるようになった。数多くの説話集が作られたが、平安時代後期に作られた『今昔物語集』は、内容の広さと、集められた説話の多さで、説話集、説話文学を代表する本とされている。

インド・中国・日本の三国にわたる、千余の説話を集めた『今昔物語集』は、三十一巻からなるが、その巻第二十五には、平安時代の合戦のことを書いた説話が集められ、「平将門発謀反被誅語（平将門謀反を発して誅《ちゆう》せらるる語）」に始まり、藤原純友が海賊に殺された話、源宛《あつる》と平良文の合戦の話、平維茂《これもち》の郎党が殺された話、平維茂が藤原諸任《もろとう》を討った話、源頼光が狐を射た話、藤原保昌が盗賊袴垂《はかまだれ》と出会った話、源頼信が平忠恒を降伏させた話、頼信の言によって平貞道が人の頭を切った話、藤原親孝の子が盗賊に捕らえられたが頼信の言によって免じられた話、頼信の子頼義が馬盗人を殺した話、源頼義が安倍貞任を討った話、という十二の説話が収められている。現存する本の巻第二十五には、あと二話の題が挙げられているが、本文は存在しない。

巻第二十五に集められた説話は、武器を取って戦ったり、人を追い詰めて殺したり、凶悪な盗賊が出てきたりと、都の貴族から見れば、常軌を逸した恐ろしい話であった。『今昔物語集』の説話は、貴族たちが集まる場所で話題になったことを、一座の語りに適した長さにまとめたもので、仏典や中国の説話集をはじめ、出典はさまざまであるが、巷間《こうかん》語られていた話も少なくない。巻第二十五の合戦記も、第一の将門の乱の話は、目次の下に「将門記」とあり、第十三の前九年の役の話の目次の下には「陸奥話記」と関連の本の名が記されている。

それはともかく、合戦記は『今昔物語集』の巻々の中で、一巻を立てるだけの強い関心を持たれていた。十二の説話は簡潔にまとめられているが、乱の顚末を語るのに必要な事項は、落とさず書き込まれている。

平安時代の半ばになると、貴族は、インド・中国に対しての日本の特性を考えるようになった。当時、貴族社会では漢詩文に代わって和歌が社交の文学になり、宮廷の女房の間で、仮名文字で書かれた物語や、日記、随筆などが持てはやされ、文学として高い内容を持つようになっていた。文学（当時は漢詩文を指していた）と和歌を並立するものと考えるようになった貴族は、地方を都と対比させることによって、貴族文化を自覚しようとした。

辺境といえば東国と西国であるが、西国は先進文化がもたらされる道であったから、辺境の地は東国に代表させることになった。和歌に詠まれる諸国の名所を歌枕というが、歌枕は東国に多く、東国への旅が詠まれることが多かった。合戦記に書かれる東国の粗野な武者に対比することで、都の貴族の雅な文化を自覚することができたわけで、合戦記は貴族文化の対極の世界を記述したものとして読まれたと思われる。

第三節　『愚管抄《ぐかんしょう》』が説く世の道理とその変化

十一世紀末、幼い天皇を立てて思いのままに政治を動かす摂関に代わって、上皇が政治の実権を握る院政が始まったが、国政は、東国の武家勢力と、宗教的な権威をかざして僧兵を擁する寺社勢力への配慮なしには進められない時代になった。保元の乱の前年に、関白藤原忠通《ただみち》の子として生れ、比叡山《ひえいざん》の僧として寺社勢力の最上層に立った慈円は、摂関家の凋落《ちょうらく》を目の当たりにして、世の中のあるべき姿形を考え続け、国初以来の日本国の歴史を辿《たど》り、「乱世に対処するためには、世の中を支えている道理とその移り変わりを知らねばならない」と主張する、『愚管抄』という歴史の本を書いた。『愚管抄』は、年ニソヘ日ニソヘテハ、物ノ道理ヲノミ思《おもひ》ツヾケテ、老ノネザメヲモナグサメツヽ、イトヾ、年モカタブキマカルマヽニ、世中《よのなか》モヒサシクミテ侍レバ、昔ヨリウツリマカル道理モアハレニオボエテ、……（巻第二）

〈年が経《た》つにつけ、日が経つにつけて物の道理ばかりを考え続け、年老いてふと目ざめがちな夜半のなぐさめにもしているうちに、いよいよ私の生涯も終わりに近付こうとしている。世の中を久しく見てきたのであるから、世の中が昔から移り変わってきた道理というものも、私にはしみじみと思い合わされて、……〉

という文章で書き始められている。神武《じんむ》天皇以来の歴史を見ていくと、世の中は次第に衰えていく中で、保元の乱以後は、特に乱世になってしまったので、世の中が衰えていくことの中に潜む道理を明らかにし、述べてみたいと考えて、この本を書くのだという。慈円は、『愚管抄』の主旨は、史上次々に起る事件の顛末を記述することではなく、「昔ヨリウツリマカル道理」を読みとり、説明することにあると述べる。

歴史の中に貫通している道理とは何か。慈円は世の中にあるもの、起ることは、総《すべ》てそれがそうなるべき道理を持っているという。とすると、総ての物事がそれぞれに道理を持っていることになるが、それでも世の中が一つの方向に動いていくのは、道理と道理が衝突したとき、大きく重い道理が小さく軽い道理を併呑《へいどん》していき、公的な道理が私的な道理を踏みつぶしていくからで、さまざまな道理が出会い、衝突し、合流して、世の中が変化していくのが歴史なのだという。

無数の道理の中で、何が大きく重い道理になるのか、何が公的なものとされるようになるのか。世の中の移り変わりを見続けた慈円は、道理の大小、軽重、公私を分けるのもまた道理に支えられているという。現代のことばでいえば、社会体制を支えている道理が、道理の大小、軽重、公私を分けていて、体制が変化すれば、大小、軽重、公私の基準も変わっていくということになる。そうした、「道理を支えている道理」の変化を理解することが肝要なのだというのが、慈円が読者に理解させようとしたことであった。

しかし、総ての物事は変化し、変わらないものはないのも道理だといってしまえば、摂関家出身の自身の立場も、衰退していくのを認めることになる。慈円は、変わらないものはないといい切ってしまうわけにはいかなかった。中国の歴史が普遍的な道理を表わしていると考えていた慈円は、日本は中国と違って、国王は皇室からしか出さないと決められており、易姓革命（易は変わること、姓は家系、革は改めること、命は天命をそれぞれ表わす。天命を受けた天子の家に不徳の者が出れば、天命が改まって別の王朝が開かれるという、中国古代の政治思想）はありえないとい い、国王の血筋が決まっているように、国王を補佐する臣も藤原氏以外から出ることはないのだと主張する。

末世の混乱の中で、源実朝《さねとも》の暗殺によって源氏の後継者がいなくなったとき、慈円の兄九条兼実《かねざね》の曾孫《そうそん》で、二歳の頼経が将軍になるために鎌倉に下ることになった。また、兼実の孫立子が、順徳天皇の中宮になり皇子を生み、皇子が即位したとき立子の父が亡くなっていたので、立子の弟の道家が摂政になった。兄兼実とその子良経の死後、摂関九条家の後見人を自任して、宮廷に出入りしていた慈円は、天皇、摂政、将軍が総て九条家から出たことを、乱世の歴史に、あるべき秩序が戻ってくる兆しだと考えた。公家と武家の長が、ともに九条家から出ることになって、公武の協調体制が実現したと喜んだ。

しかし、後鳥羽上皇の周辺では、討幕計画が進められていて、それを知った慈円は、討幕が実行に移され、武家との協調路線に立っている九条家の立場が崩れてしまうことを恐れた。武家政権の成立には道理があることを理解しない討幕は間違っている、と主張するために書いた

『愚管抄』の筆を擱《お》いて間もなく、承久の乱が起って、京方は敗れ、後鳥羽、順徳、土御門《つちみかど》の三上皇は、隠岐《おき》、佐渡、土佐に流され、天皇も廃位されて、後に仲恭《ちゆうきよう》天皇と諡《おくりな》された。

複雑な政治の動きの中で書かれた『愚管抄』は、どのような書き方でまとめられているのだろうか。慈円は、日本国の歴史を、上古、中古、末世という三つの時代に分けて考えた。古い時代と今の時代を考えて、古代と現代の間に中世を置くのは一般的な時代区分だが、藤原氏が栄えた時代を真中に置いて中古とした慈円は、それ以前を上古、藤原氏の栄華が終わった後を末世として歴史の構想を立てた。

慈円は、有職故実書の『簾中抄《れんちゆうしよう》』や幾つかの年代記を参照して、上古の歴史を辿っていった。神武天皇から第十三代までは、男子直系で皇位が継承されて何の問題も起らず、上古の中でも正法の時代であったと考えた。その後、兄弟や孫による継承が始まり、女帝も現れると慈円はその理由を考え、やがて百済《くだら》から伝えられた仏教が政治を支えるという道理が聖徳太子によって立てられ、最澄と空海によって、仏教の果たすべき役割が明らかにされたと分析する。

上古の歴史の中で、皇位の継承に問題が生じて以来、臣下の役割が大きくなった。大織冠鎌足の後、藤原氏がその役割を果たすようになり、宇多天皇の時代に、菅原道真が政治から退いて、補佐の臣は藤原氏から出すことが定まって中古の時代が始まった。そして、藤原氏の中では、師輔《もろすけ》に始まる九条流を主流とする体制が、比叡山の仏法に守られて安定し、道長・頼通の絶頂期を迎えることになった。

ところが、院政の出現によって、摂関を独占してきた藤原氏の栄華が傾き始めた。中古の時代の終わりとなったのは、院と天皇が対立して、公家も二つに分かれ、それぞれ武士を動員して、都を戦場とする戦になった保元の乱で、その後武士の力が大きくなって末世になった。慈円は、保元の乱が何故《なぜ》起り、乱後に世の中がどう変わったのかを明らかにすることが、この本を書く究極の目的だと記している。

中古の歴史を書くための資料には、年代記、有職故実の書があり、歴史物語があった。公家の日記について伝え聞くこともでき、藤原氏の内部に伝えられているさまざまな伝承を聞く機会も多かったに違いない。『愚管抄』の中では、中古の部分が最もまとまりがよく、文章も記述の内容に適した文体になっていて、歴史の叙述として成功している。

それに対して、末世の部分は、時代の動きを対象化することができなかった。保元の乱については、早くから当事者の聞き取りをするなどして事実を確かめ、乱の全容を明らかにしようとして、この乱以後「ムサ（武者）ノ世」になったと論じているが、乱後の現代史は、次々に起る事件を追いかけるのに精一杯で、歴史の流れとその道理を考えるところまで及んでいない。

慈円がいた比叡山は、諸国の情報が集まるところであったから、実朝暗殺の伝聞など他にない記述もあるが、貴族社会の外の動きを捉えることはできなかった。

末世の時代の重大な出来事である源平の戦いについても、僅《わず》かな記述しかない。書こうとしても、平家と源氏の動きを対象化して、記述することができなかったのであろう。慈円にとって、第一の関心事は、公家社会における九条家の地位を確保することであったから、遠く都を離れた西海で武士が争っていることを、歴史の中に書き込もうとは考えなかったと思われる。

慈円は、『愚管抄』を漢字交じりの仮名文で書いた。天台座主をつとめた慈円にとって、漢文で書く方が容易であったと思われるが、敢《あ》えて、政治のあり方や歴史の道理について論議するのに不向きな和文で書き、そのことをかさねて弁明している。確かに『愚管抄』の文章は読み難く、慈円が考えていたことを表現できる和文が、まだ成立していなかったことを考えさせられるが、東大寺の再建供養に出席した頼朝のことを記した、つぎの一節は、

コノ東大寺供養ニアハムトテ、頼朝将軍ハ三月四日又京上《きやうじやう》シテアリケリ。供養ノ日東大寺ニマイリテ、武士等《ら》ウチマキテアリケル。大雨ニテアリケルニ、武士等ハレハ雨ニヌル、トダニ思ハヌケシキニテ、ヒシトシテ居《ゐ》カタマリタリケルコソ、中〳〵物ミシレラン

人ノタメニハヲドロカシキ程ノ事ナリケレ。（巻第六）

〈この東大寺供養に出席しようとして、頼朝将軍は三月四日に再び上京してきた。供養の日、頼朝は東大寺に参詣し、武士たちにとりまかれていた。折からの大雨にも、武士たちは雨にぬれることなど気にも留めない様子で、しっかりと居ずまいを正して控えていたが、それはもののわかる人にとってはなかなか驚異の念を禁じえない場面であった〉

と、頼朝と鎌倉武士の姿を的確に捉えており、漢文では書けない歴史の情景であるということができよう。

第四節　保元・平治の物語

保元の乱が、歴史の重要な画期であったと考えた慈円は、保元の乱の顚末を書いた人がいないのは、起ったことが悪いことばかりなのを気に病んで書けないのであろうと書いた。しかし、悪いことばかりだというのは、あくまでも摂関家、上層貴族にとってのことで、中下級貴族や武士にとっては、また別の見方があったであろうし、乱の原因や結果についても、別の関心を持っていたに違いない。

一一五六年（保元元）に起った内乱は、後白河天皇と関白藤原忠通に召集された平清盛・源義朝と、崇徳《すとく》上皇と左大臣藤原頼長に動員された源為義・平忠正の軍勢との間で戦われたもので、皇位継承の縺《もつ》れと摂関家の内紛が武士を巻き込み、合戦によって決着を付けることになった事件であった。天皇は兄の上皇と、清盛は叔父の忠正と、義朝は父の為義と戦うという内乱で、上層貴族にとっては衝撃的な出来事であったから、慈円が『愚管抄』を書いたころには、内乱の顚末を書いた物語が書き始められ、鎌倉時代の半ばには三巻からなる最初のかたちができていたと思われる。

『保元物語』は、事件の顚末を書いた合戦記の系譜を引く軍記物語で、上巻は、親子兄弟が都を戦場にして戦うことになった経緯を述べ、中巻では、両陣営の動きと上皇の陣営への攻撃のありさまが語られ、下巻では、戦いに敗れた上皇が讃岐国《さぬきのくに》（香川県）に流され、忠正、為義が首を斬られるなど合戦の結末が語られる。

その保元の乱の後、戦功を認められた平清盛は、後白河院の近臣藤原通憲《みちのり》（信西《しんぜい》）と結んで勢力を伸ばし、信西は辣腕《らつわん》を振って錯綜《さくそう》した政務を処理し、政治の実権を握るに至った。しかし、もう一人の勝者であった源義朝は、敗れた父為義の斬罪を阻止することができず、戦功の賞でも清盛に比して冷遇されたことを怨《うら》み、院の寵臣《ちょうしん》藤原信頼と結んで、清盛・信西に対抗しようとした。一一五九年（平治元）、義朝は清盛が熊野詣に出かけた隙を狙って、信西を襲撃して殺したが、急遽《きゅうきょ》帰京した清盛によって鎮定され、信頼は斬罪、義朝は東国に遁《のが》れる途中尾張国《おわりのくに》（愛知県）で殺された。この騒乱は平治の乱と呼ばれる。

源氏に勝った清盛は、着々と権力を伸ばして内大臣、太政大臣となり、娘を入内させ、摂関家藤原氏に代わって貴族政権の頂点に上り、平氏の時代を現出させた。

天皇方と上皇方に集まった、武士の間の戦いであった保元の乱と違って、平治の乱は、院の近臣と結んだ武士の争いであった。反乱は失敗に終わって、平氏の突出を決定的にした事件として関心を集め、『平治物語』が書かれることになった。『平治物語』は『保元物語』と同様の構成で、上巻で信西と信頼が対立し、義朝の長男義平が活躍して信西が討たれたことが語られ、中巻では、熊野詣から引き返した清盛が義朝を破り、信頼を斬罪に処したことが述べられ、下巻で義朝が尾張国で殺され、義平も討たれたことが語られている。

二つの物語は、ともに同じ構成の三巻からなっていて、和漢混淆《こんこう》文の文章も両者に大きな違いがないので、文筆に優れた同じ作者によるとする説もあるが、二つとも数多くの異本があり、その成立と系統を解明する研究は容易でなく、作者についても、今のところ未詳である。

この二つの軍記物語は、書かれたときから琵琶《びわ》法師の語りで広まったらしく、聞き手を前にした語りに相応《ふさわ》しく、登場人物の武勇に優れた行動を大きく取り上げている。『保元物語』では義朝の弟為朝の、『平治物語』では義朝の長男義平の英雄的な行動が語られていて、この軍記物によって、九州で活動した鎮西八郎為朝の名が広く伝えられ、義朝の長男として武名を轟《とどろ》かした悪源太義平の名も知られるようになった。

二つの物語は、『将門記』に始まる合戦記の系譜を引く本であるが、漢文ではなく、『今昔物語集』のような不慣れな仮名交じり文でもなく、整った和漢混淆文で書かれており、『平家物語』の先駆となって、文学史の上で重要な位置を占めるものとされている。

「中比帝王《なかごろていわう》ましく〳〵き。御名《な》をは鳥羽禅定法皇《とばのぜんぢやうほうわう》とぞ申《もうす》」という書き出しで始まる『保元物語』は、乱の原因を述べた後、合戦の次第へと進んでいく。

其後《そのゝち》義朝《よしとも》甲《かぶと》の緒《を》をしめ、既《すでに》うちいでけるが、義朝馬《よしともむま》をひかへて、紅《くれなゐ》の扇《あふぎ》を開《ひらき》つかひゐて申されけるは、「義朝《よしとも》いやしくも武備《ぶび》の家《いゑ》に生《むま》れて、此事《このこと》にあふはみの幸《さいはゐ》也。日来《ひごろ》私軍《わたくしいくさ》の合戦《かつせん》の時《とき》は、朝威《てうい》に恐《おそ》れて思様《おもふさま》にもふるまはず。今度《こんど》におゐては宣旨《せんじ》を承《うけたまは》る上《うへ》は、憚所《はゞかるところ》もなし。芸《げい》を此時《このとき》にほどこし、名《な》を後代《こうたい》にあぐべし。」とて、白旄《はくばう》の旗《はた》をなびかし、黄鉞《わうゑつ》の鉾《ほこ》をかゝやかし、魚鱗《ぎよりん》・鶴翼《くはくよく》の陣《ぢん》を全《まつたう》し、星旄電戟《せいぼうでんげき》の威《い》をふるつていさみ進《すゝみ》てうち出《いで》し、刑勢《ぎやうせい》ことがら、あッぱれ大将軍《たいしやうぐん》也とぞみえし。（巻上）

鎧兜《よろいかぶと》をつけ、馬を傍らに立った義朝は、日の丸の扇を使いながら、「いやしくも武士の家に生れた者として、戦いの指揮を取ることになったのは一身の幸せだ」といい、「これまで度々戦いに臨んだことはあるが、総て私闘で、朝廷の意向を恐れて戦っていた。今度は宣旨を頂いての出陣だから、何の遠慮もなく武芸を振って後世に名を残したい」と自らの心境を表明する。白旄は旗に付ける白い毛、黄鉞は黄金つくりのまさかり、魚鱗鶴翼は軍兵の陣形を表わす。このように、中国の古典のことばが多くちりばめられている。

同じ場面は、『愚管抄』にも、「下野守義朝ハヨロコビテ、日イダシタリケル紅《くれなゐ》ノ扇ヲハラ〳〵トツカイテ、「義朝イクサニアフコト何ケ度ニナリ候ヌル。ミナ朝家ヲオソレテ、イカナルトガヲカ蒙候《かうぶりさふら》ハンズラント、ムネニ先コタヘテヲソレ候キ。ケフ追討《つゐたう》ノ宣旨《せんじ》カウブリテ、只今敵ニアイ候ヌル心ノスヾシサコソ候ハネ」トテ、……」（巻第四）と書かれている。両者を比べてみると、『愚管抄』が日の丸の扇を使う義朝の姿を彷彿《ほうふつ》とさせるのに対して、『保元物語』の文章は、魚の鱗《うろこ》、鶴の翼のような軍陣の配置の兵法のことばや、星のように並ぶ旗や稲妻のような威力、といった表現が多用された、軍記物特有の飾られた文章であることがわかる。

古本の『保元物語』（金刀比羅宮本）には序がなく、「中比帝王まし〳〵き。御名をは鳥羽禅定法皇とぞ申」という書き出しで始まるが、古本の『平治物語』（金刀比羅宮本）には、

昔《むかし》より今《いま》にいたるまで王者《わうしや》の人臣《じんしん》を賞《しやう》するに、和漢《わかん》の両国《りやうごく》をとぶらふに、文武《ぶんぶ》の二道《だう》を先《さき》とす。文《ぶん》を以《もつ》ては万機《ばんき》の政《まつりごと》を助《たす》け、武《ぶ》を以《もつ》ては四夷《しい》の乱《らん》を定《しづ》む。されば天下《てんか》を保《たも》ち国土《こくど》を治《おさむ》る謀《はかり》こと、文《ぶん》を左《ひだり》にし武《ぶ》を右《みぎり》にすとこそみえたれ。（巻上）

「昔から今に至るまで、王が臣下の功を賞するという場面について、和漢の例を見ると、まず文武の二つが賞せられるものとして考えられた。文は政務の万般を補佐し、武は周辺の外敵を平定する。従って、王の支配を保ち、国土を治める計を立てるには、文を左に、武を右にするものとされている」という、政治論から始まる序があって、唐の太宗、鶏国（契丹）の明王、周の武王の例を引いた後、「近来《このころ》都《みやこ》に権中《ごんちう》納言《なごん》兼中宮《けんちうぐうの》権大夫《ごんのだいぶ》右《う》衛門督《ゑもんのかみ》藤原《ふぢはらの》朝臣《あそんの》信頼《のぶより》卿《のきやう》と

云《いふ》人おはしけり。……」「其比少納言入道信西《そのころせうなごんにうだうしんせい》と云者《いふもの》あり。……」と述べてから乱の中心人物を登場させており、この形式は『平家物語』に近いものである。

二つの物語には、異本が多い。本というものは、もともとは作者か編者によって作られるものだが、人々に書写されて広まっていく間に、書き誤ったり、書き換えられたりすることが起って、異本ができていくことになる。近世の前期に出版活動が盛んになって、印刷された本が広く読まれるようになると、一般の読者は異本を気にかけなくなった。しかし近代になると、古典研究者の間で写本の調査が進められ、書き誤りや書き換えが生じる前の、一番初めのかたちに関心が持たれるようになり、広く読まれた流布本以前の姿を探求する古典研究が盛んになった。

写本を調査し、異本の成立過程を明らかにすることが古典研究の第一歩になったが、『保元物語』、『平治物語』、さらに『平家物語』の異本は、普通の古典の異本のあり方とは違っていて、書写の間に生れたものではなく、全体の構想は共有しながらも、複数の書き手のそれぞれの立場や心情によって、書き加え、或《あ》いは書き換えられたものが多い。そのため、一般の異本研究の方法では、解明できない問題が余りにも多い。本というものの、中世特有のあり方があったことを考えさせられる。

第五節　治承・寿永の乱

平治の乱の後、急速に力を伸ばした平清盛は、太政大臣になり、息子の重盛、宗盛も内大臣となった。桓武平氏は、藤原氏に代わって貴族社会の中心に進出し、姉時子が清盛の妻に、妹滋子が後白河天皇の女御《にようご》になった平時忠が、「此《この》一門にあらざらむ人は、皆人非人《にんぴにん》なるべし」というまでになった（『平家物語』巻第一「禿髪《かぶろ》」）。清盛の驕慢《きようまん》な振る舞いは、貴族の反感だけでなく、庶民の怨みまでをも買い、一一八〇年（治承四）五月、世の趨勢《すうせい》を見定めた源頼政の挙兵によって、反平氏の動きが起り、八月に源頼朝、九月に木曾義仲が旗を揚げて、平氏追討の動きは急速に広がり、以後六年に及ぶ源平の戦いの時代に入った。

戦乱は東国から北陸に広がり、都を追われて西国に赴いた平家は、一ノ谷（兵庫県神戸市）、屋島（香川県高松市）の戦いに敗れ、一一八五年（寿永四）三月、壇ノ浦《だんのうら》（山口県下関市）で滅びた。東国から九州まで、広範な土地の武士を巻き込み、六年に及んだ戦乱は、治承・寿永の乱と呼ばれ、『保元物語』、『平治物語』と並ぶ軍記物語が書かれることになった。

しかし、保元・平治の乱が、貴族社会の権力争いが武士を巻き込み戦乱になった事件であったのに対して、治承・寿永の乱は、異例の昇進を遂げて貴族となった平氏と、前九年の役・後三年の役以来、地方に勢力を培ってきた源氏の戦いであり、大寺社の勢力も絡まる対立の関係は複雑であった。短期間で鎮圧された以仁王《もちひとおう》・頼政の反乱だけならば、合戦の物語は書けたであろうが、軍記物語の手法で、治承・寿永の乱の物語を書くことは難しかった。

保元の乱で、天皇と上皇、関白と左大臣、義朝・清盛と為義・忠正というように敵味方に分かれた人々の名は、貴族社会に属する作者にとって馴染《なじ》み深いものであったし、平治の乱でも、信西・清盛と信頼・義朝の名は知られていた。敵対する両陣の様子を想像することも難しくはなかったし、戦場は都とその周辺に限られていた。作者は、両陣営の動きに目配りしながら、合戦の経過を書き進めることができたが、治承・寿永の乱はそうはいかなかった。平氏政権の誕生の物語は、宮廷を中心とする物語として書くことができたが、その没落の六年間の物語は、院と天皇、寺院勢力、地方の武士などの総ての動きを捉えることは容易でなく、編年体で出来事を記述しても、通読に耐える物語にはならなかった。

鏡物の書き方で世継の翁にあたる語り手を立てて、平家の栄耀《えいよう》栄華と清盛の悶死《もんし》のさまを語らせることはできても、東国から西国にわたる源平合戦の現場を、総て見たり聞いたりする語り手を設定して、現実味のある見聞を語らせることは難しかった。

『保元物語』・『平治物語』・『治承物語』・『承久記』と、合戦が起ったときの元号を題名に冠した軍記があったと考えられているが、『治承物語』がどんな本であったのかはわからない。

日本の歴史上初めての、広汎な地域に広がった源平の内乱が、人々の関心の的になったのはいうまでもない。慈円の兄九条兼実の日記『玉葉』は、日々伝えられる戦乱の情報を詳しく記しているし、藤原定家の『明月記』という日記も、武士の戦いのことは自分には関わりなし、と書きながら、都に伝わってくる噂に耳を澄まさざるをえなかったことを語っている。多くの荘園を有し、地方との連絡が密だった大寺社も、合戦の帰趨《きすう》を案じていたし、内乱のさまざまな出来事を日記に記した貴族は多かった。

戦闘に加わった武士が、自分の戦功を述べた軍忠状を書くようになるのは、鎌倉時代後期以降のことだが、おのれの活躍ぶりを伝えたいと望んだ武士は、多かったに違いない。現在は残ってはいないが、才智《さいち》に長《た》けた梶原景時は、西海の戦況を鎌倉に書き送ったという。

さまざまな合戦の情報を集め、治承・寿永の乱の記録が物語としてまとめられていった。まずは平氏の台頭から、頂点に上りつめた清盛の専権、その熱病による死に始まる急速な平氏の没落を激しい戦いの記録として書くという、平家の物語の構想が立てられ、貴族の日記や書状、寺社の記録などを参照して物語の筋が作られ、諸所で書き留められ、語られていた伝承などが書き加えられていったと考えられる。

何人もの作者がいて、幾つもの『平家物語』が書かれた。増補を続けながら、書写をかさねて今に伝わる本に、『延慶本平家物語《えんぎょうぼん》』（六巻十二冊）、『長門本平家物語《ながとぼん》』（二十巻）、『源平盛衰記《じょうすい》』（四十八巻）、東国で成立した『源平闘諍録《とうじょうろく》』（巻一・五・八のみ現存）を始め、数多くの『平家物語』がある。

『平家物語』は早い時期から、『保元物語』、『平治物語』とともに、琵琶法師の語りによって親しまれ、文字の読めない人々の間にも広まっていった。そのため語りの台本が作られたが、鎌倉時代の末に兼好法師によって書かれた『徒然草《つれづれぐさ》』の二百二十六段に、短いながらも『平家物語』の成立について記した重要な文章がある。

「後鳥羽院《ごとばのゐん》の御時、信濃前司行長《しなののぜんじゆきなが》、稽古《けいこ》の誉《ほま》れありけるが、……」で始まるこの段は、広く古典に通じていることで知られた行長が、宮中で行われた『白氏文集』の論議で、大切なことを思い出せなかったことを恥じて遁世《とんせい》したことを記し、その行長が、一芸に秀でた者を集めていた比叡山の慈円の庇護《ひご》を受けたことが書かれている。その後段に、この行長入道、平家物語《へいけのものがたり》を作りて、生仏《しやうぶつ》といひける盲目《まうもく》に教へて語《かた》らせけり。さて、山門のことを、ことにゆゆしく書けり。九郎判官《くらうはうぐわん》の事は、くはしく知りて書きのせたり。蒲冠者《かばのくわんじや》の事は、よく知らざりけるにや、多くのことどもを記しもらせり。武士の事、弓馬《きゆうば》のわざは、生仏《しやうぶつ》、東国《とうごく》の者《もの》にて、武士に問ひ聞きて書かせけり。かの生仏が生れつきの声を、今の琵琶法師《びはほふし》は学びたるなり。

と続けて、行長が『平家物語』を書いて、生仏《しようぶつ》という盲目の琵琶法師に語らせたこと、慈円の下にいたため、比叡山のことは特にことごとしく書き、義経のことはよく知っていたため詳しく書いたが、範頼のことは知らなかったらしく、多くのことを書き落としたこと、武士のことや弓矢の技と馬術については、生仏が東国の生れだったので、武士に質問して行長に書かせたこと、さらに生仏の天性の語り方が、今の琵琶法師に受け継がれていることが記されている。

信濃前司行長とは、中山行隆の三男行長のことと考えられており、北家藤原氏の勧修寺家《かじゆうじ》の出で、九条兼実の家司《けいし》であった。漢詩文をよくし、平氏にも関わりがあった。慈円は兄兼実と同じ政治的立場をとっていたし、芸能に優れた者を集めて援助していた。ただ、行長は下野《しもつけの》守《かみ》に任じられたことはあっても、信濃守《しなののかみ》になったことはないので、兼好法師が誤って、下野前司を信濃前司と書いたのではないかと考えられている。なお、本書の第二章で藤原為房の妻の手紙に触れたが、行長は為房の玄孫にあたる人物である。

慈円に扶持《ふち》された行長が書いたという『平家物語』は、盲人の生仏に語らせるために、当時読まれていた平家の物語を編集した本で、読むための本ではなく、琵琶の弾奏を伴う語りの本であった。文字を読むことのできない琵琶法師に教えるための台本は、『平家物語』の語りが広まるにつれ、師資相承《ししそうしょう》の系譜ごとに作られるようになり、ことばも言いまわしも語りに合わせたものになっていき、室町時代には、語りの譜点を付けた本も作られた。『平家物語』は語りによって広まったので、今では「語り本」が『平家物語』と考えられるようになった。

第六節　琵琶法師の語り

琵琶は西アジアに起源を持つリュート属の弦楽器で、撥《ばち》で弦を弾いて演奏する。正倉院の宝物に螺鈿《らでん》を施した美しい琵琶があることは広く知られているが、もともとはシルクロードを通

琵琶法師　『職人尽歌合』二十五番、国会図書館デジタルコレクションより

って中国から日本に伝えられたもので、雅楽の重要な楽器として用いられるようになった。やがて催《さい》馬楽《ばら》（雅楽の声楽の一種）などの伴奏に使われ、寺院でも経典を唱えるときの伴奏や、儀式を荘厳にするための音楽に用いられるようになり、宮廷や寺院の外で行われる芸能の主要な楽器になった。現代中国では広く庶民に親しまれている。

　日本では四弦の曲頸琵琶が主流で、五弦直頸のものも用いられ、撥は一般に黄楊《つげ》で作られた。平安時代中期の学者で文章博士だった藤原明衡《あきひら》は、当時の芸能の評判記ともいうべき『新猿楽記《しんさるがくき》』を書いたが、猿楽の興行で行われる芸能の演目の中に、琵琶法師が語る物語が挙げられている。自分の屋敷に琵琶法師を呼び、庭上で語らせて楽しむ貴族もおり、寺社の門前や町辻《つじ》には、琵琶法師を取り囲む人々の姿も見られた。

法師ということばは、元来は出家、僧侶をいうものであったが、このころから正規の身分から外れた者の中に、頭を剃《そ》って僧の姿をする者が現れ、田楽法師、琵琶法師などと呼ばれるようになった。保元・平治の物語を琵琶法師が語っていたことは、前に触れたが、それに比べて遥《はる》かに内容の豊かな『平家物語』が、多くの人に受け容《い》れられたのは想像に難くない。

『平家物語』の語りは、「平家」「平曲」と呼ばれ、それを語る琵琶法師の数は多くなって、鎌倉時代末に出た如一《じょいち》に始まる一方流と、城玄《じょうげん》に始まる八坂《やさか》流という二つの集団が形成された。大きな勢力を持つようになった一方流に出た明石覚一《かくいち》は、もとは播磨国《はりまのくに》（兵庫県）の古刹円教寺の僧であったが、失明して琵琶法師になって如一の弟子となり、天下無双の名人と謳《うた》われた。覚一は語りの台本の蒐集《しゅうしゅう》整理に努め、覚一によって整えられた『覚一本平家物語』が、広く用いられるようになり、現在私たちが読んでいる『平家物語』になった。覚一本は、全十二巻の後に「灌頂巻《かんじょうのまき》」という『平家物語』の後日談が付いている。源平合戦の総てが終わった後、後白河法皇が大原に隠棲《いんせい》している建礼門院徳子を訪ねる物語で、『平家物語』の全編が締め括《くく》られることになっている。

『平家物語』は十二巻からなる本で、始めの三巻は、伊勢国《いせのくに》（三重県）に根を張っていた平家が、宮廷に進出して昇進を続け、栄華を誇ったことを語る。巻第四から、清盛の専横な振る舞いが貴族だけでなく庶民の反感を買い、反平家の不穏な動きが始まったことを語り、巻第六で、清盛が死んで平家の運命が傾いていく。また、巻第四から源平合戦の物語が描かれ、勇猛果敢な源氏の軍に追われる平家が、巻第十一の壇ノ浦の合戦で滅亡し、巻第十二で生き残った平家の武将が斬られ、子孫も殺されたところで、平家の物語が終わる。

全十二巻は、「鹿谷《ししのたに》」「富士川」「小督」「忠教最期」など、約二百の章段からなっている。章段は平曲では「句」と呼ばれ、琵琶法師は聞き手の求めに応じたり、諸国遍歴の途上では当地との縁を考えたりして、語る「句」を選んだ。室町時代になって、数が増えた琵琶法師の組織化が始まると、平曲の句を、「平物」「伝授物」「灌頂巻」「小秘事」「大秘事」に分けて、琵琶法師の修行の階梯《かいてい》化が図られ、権威付けが進められた。一方流では「灌頂巻」が特に奥深い秘事とされていた。

さて、『平家物語』は、つぎの文から始まる。

祇園精舎の鐘の声、諸行無常《しよぎようむじよう》の響あり。娑羅双樹《しやらそうじゆ》の花の色、盛者必衰《じようしやひつすい》のことわりをあらはす。奢《おご》れる人も久しからず、唯《ただ》春の夜の夢のごとし。たけき者も遂《つい》にはほろびぬ、偏《ひとえ》に風の前の塵《ちり》に同じ。遠く異朝《いちよう》をとぶらへば、秦の趙高《ちようこう》・漢の王莽《おうもう》・梁《りよう》の周伊・唐の禄山、是等《これら》は皆旧主先皇《きゆうしゆせんこう》の政《まつりごと》にも従はず、楽《たのし》みをきはめ、諫《いさめ》をも思ひいれず、天下の乱れむ事をさとらずして、民間の愁《うれう》る所を知らざッしかば、久しからずして、亡《ぼう》じにし者ども也《なり》。近く本朝をうかゞふに、承平《しようへい》の将門《まさかど》・天慶《てんきよう》の純友《すみとも》・康和《こうわ》の義親《ぎしん》・平治の信頼《のぶより》、此等《これら》は奢《おご》れる心もたけき事も、皆とり〴〵にこそありしかども、まぢかくは六波羅《ろくはら》の入道前《さきの》太政大臣平朝臣《たいらのあつそん》清盛公と申《もうし》し人のありさま、伝《つたえ》うけ給《たまわ》るこそ、心も詞《ことば》も及ばれね。

（巻第一）

（○祇園精舎＝スダッタ長者が釈迦《しやか》とその教団のために建てた僧房。○娑羅双樹＝釈迦入滅のときにサーラの木の二本が白い花を咲かせたという。その二本のサーラの木のこと。○趙高・王莽・周伊・禄山＝趙高は始皇帝の死後、秦を滅ぼし、王莽は漢を滅ぼして新を建てた。周伊〈朱异〉は梁の武帝の寵臣であったが国政を乱し、禄山は唐の玄宗の寵臣であったが、反乱を起して殺された。○将門・純友・義親・信頼＝承平の乱の平将門、天慶の乱の藤原純友、源義家の子で康和三年に九州で乱を起した源義親、平治の乱の藤原信頼をそれぞれ指す）

『平家物語』のこの書き出しは、知らない人はいないといってもいいくらい有名な、日本の古典の一節である。天下の乱れを顧みず、快楽を尽くした奢《おご》れるものが、春の夜の夢のように儚《はかな》く滅びていくという歴史の道理を述べ、異国の謀反人を列挙し、日本の反乱を顧みた後、平清盛の驕奢《きようしや》な振る舞いは、ことばではいい尽くせないものであったという文で始まる。

治承・寿永の乱の顚末を記述するのではなく、平家の物語を語ることによって、『平家物語』は合戦記や軍記物語の流れを超えて、内乱期の歴史を語る叙事詩になった。平家の人々が歴史の舞台から消え去ったところで物語は終わるが、戦いに勝った源氏の物語は始まらない。権力の座についた源氏は、平家の轍《てつ》を踏み滅亡への道を辿《たど》るであろう。『平家物語』は、歴史の舞台に立ち現れ、華々しい立ち居振る舞いを見せた平家の人々が、春の夜の夢のように儚く消え去って、もう帰ってくることはないということを語った物語である。

この「祇園精舎」の句は、巻第一の前に置かれた序として読まれているが、巻第一の冒頭の文になっている本もある。広義の『平家物語』が作られていく上で、どの段階で書かれたものなのかはわかっていないが、「祇園精舎」の句を全巻の序に位置付けたことで、『平家物語』が完成したといえよう。

『平家物語』は、読む本としてもさまざまに成長発展したが、主には聴く物語として中世の人々に受け容れられた。『徒然草』には、行長が書いた『平家物語』を語った生仏の生れつきの声を、今の琵琶法師は学び伝えていると書かれている。「声」は音声だけでなく、発音、曲節、声調なども意味していた。文字で書かれたものは、一字一字声を出して読んでいけばよいと思われるかも知れないが、そう簡単にはいかない。仮名文字ばかりの文章でも、音声通りに書かれているわけではなく、漢字の発音や、漢字をあてられた和語の読み方は一定していない。『平家物語』を声に出して読む読み方は、生仏の発音、節回しに学んだもので、今もそれが伝えられているということになる。

琵琶の前奏、間奏に導かれる語りは、節のない素声《しらごえ》、口説《くどき》、合戦の場を語る早い拍子の拾イ、最も旋律的なフシなどさまざまな語り方を組み合わせて、文字で書かれた物語を声の世界に昇華させる。私たちは、現代に伝えられている平曲に中世の声の面影を偲《しの》ぶことができる。

第四章　平家の物語

第一節　平朝臣清盛公のありさま

『平家物語』は一般に、中世に数多く作られた軍記物の代表として知られ、『万葉集』、『源氏物語』と並んで、日本文学史上の優れた古典であるとされている。張りつめた文体による合戦の描写は、何世紀にもわたって日本人の心を魅了し続けてきた。しかし、『平家物語』全編の主題は、平家の急速な上昇と、衰亡の運命を描き出すことにあり、全十二巻の前半は、伊勢国《いせのくに》（三重県）に蟠踞《ばんきよ》していた平家が、貴族社会の頂点に駈《か》け上っていく物語で、後半は東国に拠点を置く源氏と激しい戦いを繰り広げて、西海に滅びる物語である。

本章では、何世紀もの間栄華を誇った貴族の時代が終わり、武家の時代が始まるという大きな時代の変わり目を、平忠盛に始まり、清盛、重盛、維盛《これもり》と続いて、六代御前で絶える平家の運命を辿《たど》ることによって描き出した、壮大な物語の概要を見ていくことにしたい。

なお、『平家物語』の引用には、注をつけることにして、敢《あ》えて現代語訳は省いた。中世の人々が琵琶《びわ》法師の声で聞いた文章の律動を、そのままのかたちで味わって頂きたい。

平家の物語は、伊勢平氏繁栄の切っ掛けを作った忠盛の物語で幕を開け、その子清盛が、安芸守《あきのかみ》だったときに参詣した熊野権現の加護を受けて、「吉事のみうちつゞいて、太政大臣まできはめ給へり。子孫の官途《かんど》も、竜の雲に昇るよりは、猶《なお》すみやか也《なり》。九代《くだい》の先蹤《せんじょう》（桓武《かんむ》天皇の皇子葛原親王から忠盛の父正盛までの九代の前例）を超《こ》え給ふこそ目出《めでた》けれ」（巻第一「鱸《すずき》」）と、神仏の加護によるとしか考えられない栄達を遂げたことが語られるが、その栄華は春の夜の夢のように儚《はかな》く崩れていく。それは、栄達に奢った清盛の悪行の故であった。

『平家物語』は、頂点に上りつめた平家一門が、急な坂を転がり落ちるように滅びていくありさまを語る物語であり、その中心に立つのはいうまでもなく清盛であった。そのため、清盛は悪行のみを語られて、優れた政治的判断や指導力については語られていない。権力の頂点に上った清盛は、公家社会の慣行を無視し、恣意《しい》的で横暴な振る舞いを続けた。その象徴的な物語として取り上げられているのが、「祇王《ぎおう》」である。

入道相国《しょうこく》、一天四海をたなごゝろのうちに握り給ひしあひだ、世のそしりをも憚《はばか》らず、人の嘲《あざけり》をもかへりみず、不思議の事をのみし給へり。たとへば其比《そのころ》、都《みやこ》に聞えたる白拍《しらびょう》子《し》の上手《じょうず》、祇王・祇女《ぎにょ》とておとゝいあり。とぢといふ白拍子がむすめなり。あねの祇王を入道相国最愛せられければ、是によつて、いもうとの祇女をも、世の人もてなす事なのめならず。母とぢにもよき屋つくつてとらせ、毎月《まいがつ》に百石・百貫をおくられければ、家内富《けないふっ》貴《き》して、たのしい事なのめならず。（巻第一「祇王」）

（○不思議＝考えられない常識外れ。○白拍子＝当時流行していた歌舞。転じて、これを演じる芸能者を指す。○おと、い＝おととえ。弟兄。兄弟姉妹のことを指す。○とぢ＝刀自。主婦のこと。ここでは祇王・祇女の母の名。○百石・百貫＝石は容積の単位。一石は約百八十リットル。貫は銭の単位。一貫は一千文）

歌と舞に優れた祇王は清盛の寵《ちょう》を受けて、母と妹とともに、人も羨む満ち足りた日々を送ったが、三年経《た》ったある日、勝手に押しかけてきた仏御前という白拍子に、清盛の寵を奪われる。それも、はじめは清盛に追い返された仏御前を祇王が取りなして、一度だけ、今様を歌うことを許されたのであったが、その歌が気に入った清盛は舞も所望し、祇王親子を追い出してしまったのであった。権力者の移り気とあそび女の身の頼りなさを歎《なげ》く祇王親子は、都の賑《にぎ》わいを離れた嵯峨野《さがの》の庵《いおり》に身を潜めて、念仏を唱えて浄土往生を願う日々を送っていた。祇王に代わって清盛の寵を得た仏御前も、わが身の頼りなさを思い知って、祇王親子の庵に移り住み、ともに念仏して浄土往生を果たした。

軍記物の代表とされる『平家物語』巻第一の祇王の物語は、権力争いの話でも、合戦の話でもなく、貴族女性の身の上を書いた王朝物語の流れを引いた話でもない、ただのあそび女の物語だが、『平家物語』の作者と語りの聞き手について考える上で、見逃すわけにいかない段である。『平家物語』には、おのれの罪障を知った人が、最期は極楽往生を願って思いを遂げたと記されている例が少なくないが、平家の物語の主役の最期のありさまは、

「……たゞし思ひおく事とては、伊豆国の流人《るにん》、前《さきの》兵衛佐頼朝が頸《くび》を見ざりつるこそやすからね。われいかにもなりなん後は、堂塔をも立て、孝養《きょうよう》をもすべからず。やがて打手をつかはし、頼朝が首をはねて、わがはかのまへに懸くべし。それぞ孝養にてあらんずる」とのたまひけるこそ罪ふかけれ。（巻第六「入道死去」）

（○やがて＝すぐに。　○孝養＝死者の供養）

と書かれている。高熱の病に苦しむ清盛は死に臨んで、この世の思いは総《すべ》て遂げたが、思い残すのはただ一つ、頼朝の頸を見ることができなかったことだといい、墓前に頼朝の頸をかけ

よと、妄執に満ちたことばを告げて生涯を閉じ、その霊は浄化されないまま、『平家物語』の世界を牽引《けんいん》していく。

清盛は一一六七年（仁安二）二月に太政大臣になるが、同年五月に辞任。翌年、重い病を患って出家したものの、威光は衰えず、一門はみな高位に上って権勢を誇った。清盛の嫡男重盛の子資盛《すけもり》が、摂政藤原基房に対して路上で乱暴狼藉《ろうぜき》を働いて懲らしめられ、清盛がその報復をした事件を語った後、『平家物語』は、「これこそ平家の悪行《あくぎよう》のはじめなれ」（巻第一「殿下乗合」）と記しているが、この一文は重要な意味を持っている。清盛の悪行が次々に起って、やがて平家を滅ぼすことになるのを暗示することばで、語りを聞く人には強く印象に残る。

物語の作者と語り手は、人間世界を超えた高いところにいて、物語の結末を知悉《ちしつ》している。盲目の琵琶法師が、時と場所を超えた物語を自在に語るのを聞いた人は、語り手の琵琶法師に、物語の世界の総てを知っている物が憑《つ》いているように思われたであろう。現代でも、連載小説などでは、主人公はこれが災いのもとになるのに気付いていなかった、この人と運命をともにすることになるのをこの時は知らなかった、というような表現が出てくることがあるが、この方法が『平家物語』では大きな効果を持つようになる。

平家に対する反感は、貴族の間で急速にたかまり、武士を巻き込んで、鹿谷の事件が起ることになった。清盛の子に昇進を越えられ、怨《うら》みを抱いた貴族たちが、鹿谷の俊寛僧都《そうず》の山荘に集まって反平家の謀議をかさねるも、それが仲間内の裏切りで露見する。密告を受けた清盛の果断な対応によって、一味は一網打尽に捕えられ、西光法師、大納言成親らは殺され、俊寛、藤原成経、平康頼の三人は薩摩国《さつまのくに》（鹿児島県）の鬼界ヶ島に流された。

南海の孤島に流された三人は、都に帰る望みを繋《つな》ぎ、慰め合い、助け合って日々を送ったが、康頼が流した卒塔婆《そとば》が厳島に流れ着いたのがもとになって、赦免されることになる。ところが都からの使いが持ってきた赦《ゆる》し文には、成経、康頼の名は書かれていたが、俊寛の名はなかった。「抑《そもそも》われら三人は、罪もおなじ罪、配所も一所也《ひとつところなり》。いかなれば赦免の時、二人は召しかへされて、一人こゝに残るべき。平家の思ひ忘れかや、執筆《しゆひつ》のあやまりか。こはいかにしつる事共ぞや」と取りみだして歎く俊寛を宥《なだ》めて、二人は迎えの船に乗った。

「さていかにおの〳〵、俊寛をば遂に捨《すて》はて給ふか。是程《これほど》とこそおもはざりつれ。日比《ひごろ》の情《なさけ》も今は何ならず。たゞ理をまげて乗せ給へ。せめては九国《くこく》の地まで」とくどかれけれ共、都の御使、「いかにもかなひ候まじ」とて、取つき給へる手を引《ひき》のけて、舟をばつひに漕出《こぎいだ》す。僧都せん方《かた》なさに、渚《なぎさ》にあがりたふれ臥し、をさなき者の、乳母《めのと》や母なンどを慕ふやうに足摺をして、「是《これ》乗せてゆけ、具してゆけ」と、をめきさけべ共、漕行舟《こぎゆく》の習《ならい》にて、跡は白浪ばかり也。いまだ遠からぬ舟なれ共、涙に暮《くれ》て見えざりければ、僧都たかき所に走《はしり》あがり、澳《おき》の方をぞまねきける。（巻第三「足摺《あしずり》」）

（〇九国＝筑前・筑後・肥前・肥後・豊前・豊後・日向・薩摩・大隅の九国。九州のこと。〇足摺＝身をもだえ足を踏みならすこと。）

遠くへ消えてしまわないうちに船を見ようと、小高いところに急ぎ登って、二人が乗った船に向かって手を振り続ける俊寛の姿は、人間の悲哀の極限を表わし、人々の心を揺さぶり、能や浄瑠《じょうる》璃《り》の名場面になった。『平家物語』では、僧都の侍童であった有王《ありおう》が、島に残された俊寛を訪ねてその死を看取り、「俊寛僧都の遺骨《ゆいこつ》を頸《くび》にかけ、高野《こうや》へのぼり、奥院《おくのいん》に納めつゝ、蓮花谷《れんげだに》にて法師になり、諸国七道修行して、主の後世をぞ訪《とぶらい》ける。か様《よう》に人の思歎《おもいなげ》きのつもりぬる、平家の末こそおそろしけれ」（巻第三「僧都死去」）と、有王の行状を詳しく語って、物語の世界を広げ、深めている。鹿谷事件のことは、『愚管抄《ぐかんしょう》』にも書かれているが、有王のことは書かれていない。有王も、祇王と同じく貴族社会の周縁に見え隠れする人物であった。

第二節　東国と西国

平家の専横に対する反感が高まる中、一一八〇年（治承四）五月、源頼政が後白河法皇の皇子以仁王《もちひとおう》を奉じて、平家打倒の旗を挙げた。頼政は寺社勢力の援《たす》けを得られず、蜂起は失敗に終わったが、世の中は騒然となり、六月、清盛は都を摂津国の福原（兵庫県神戸市）に遷《うつ》した。四百年続いた都を出ることには反対の声も高く、政情は不安の度を増した。八月、平治の乱に敗れた源義朝の子頼朝が、流されていた伊豆国《いずのくに》（静岡県）で、反平家の旗を挙げた。頼朝は、伊豆の平家方を討ったものの相模国《さがみのくに》（神奈川県）で敗れ、安房国《あわのくに》、上総国《かずさのくに》、下総国《しもうさのくに》（千葉県）に逃れて軍を立て直し、源氏方の武士を集めて、源氏ゆかりの地である鎌倉に入った。

清盛は、頼朝に率いられた源氏の軍勢を早期に殲滅《せんめつ》すべく、嫡子重盛の子維盛を総大将として、大軍を東国へ向かわせた。平家の軍は、迎え撃つ源氏の軍勢と駿河国《するがのくに》（静岡県）の富士川を挟んで対陣した。実戦の経験のない維盛は、かつて源為義、義朝に仕えて勇名を馳《は》せ、今は平家の軍に属している斎藤実盛を幕屋に呼び出して、戦う相手がいかなる軍勢なのか、訊《き》こう

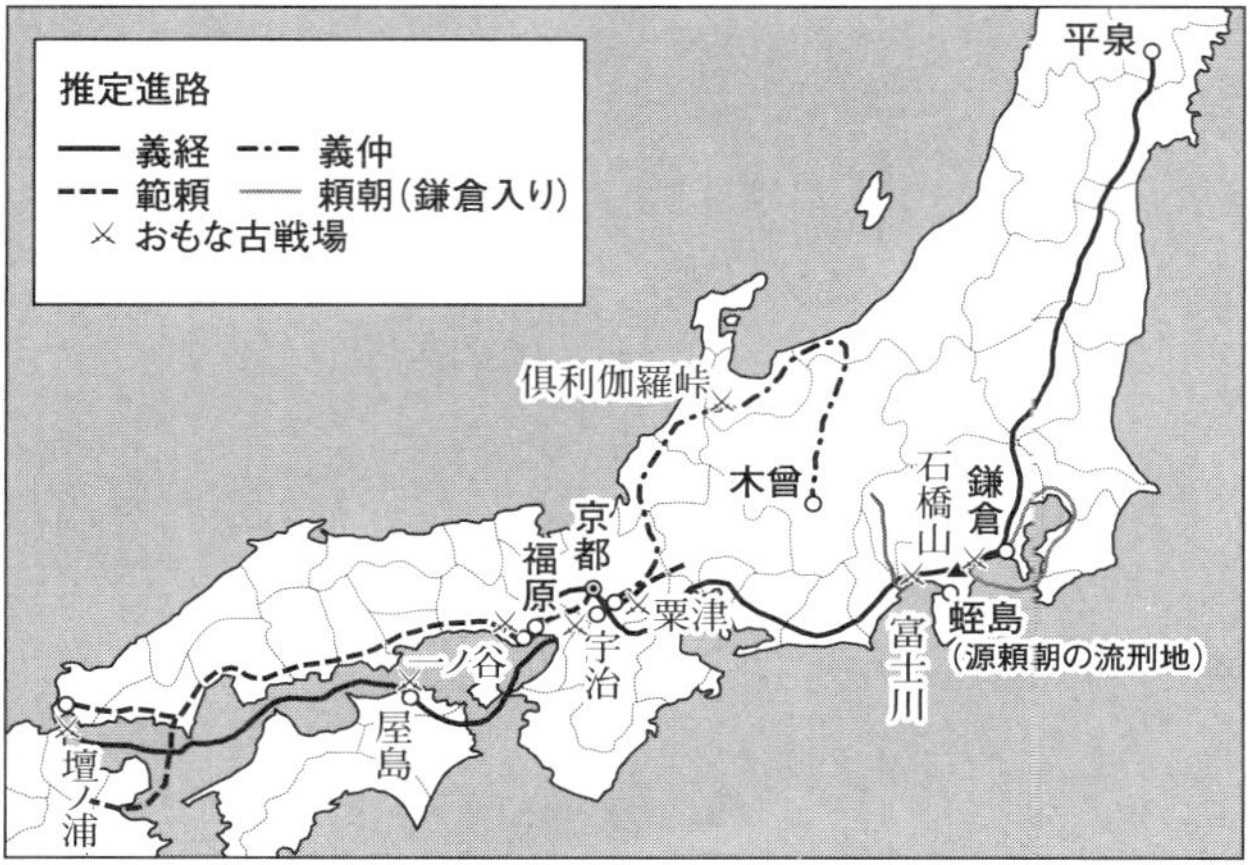

源平合戦古戦場図

とした。

又大将軍権亮《ごんのすけ》少将維盛《これもり》、東国の案内者とて、長井の斉藤別当実盛《さねもり》を召して、「や、実盛、なんぢ程のつよ弓勢兵《ゆみせいびょう》、八ケ国にいかほどあるぞ」ととひ給へば、斎藤別当あざわらッて申《もうし》けるは、「さ候へば、君は実盛を大矢《おおや》とおぼしめし候歟《か》。わづかに十三束こそ仕《つかまつり》候へ。実盛程射候物《もの》は、八ケ国にいくらも候。大矢と申《もうす》ぢやうの物の、十五束におとッてひくは候はず。弓のつよさも、したゝかなる物五六人してはり候。かゝるせい兵《びょう》どもが射候へば、鎧《よろい》の二三両をも重ねてたやすう射通し候也。大名一人と申《もうす》は、せいのすくないぢやう、五百騎におとるは候はず。馬に乗ッつれば、落つる道を知らず。悪所をはすれども馬をたふさず。いくさは又おやも討たれよ、子も討たれよ、死ぬれば乗りこえ〳〵戦ふ候。（巻第五「富士川」）

（○つよ弓＝強弓。引くのに力を要する弓。またその射手。○八ケ国＝相模・武蔵《むさし》・安房・上総・下総・常陸《ひたち》・上野《こうずけ》・下野《しもつけ》の坂東八か国。○束＝矢の長さを計る単位。拳《こぶし》の幅の長さ。大きい弓の矢は長い。○弓のつよさ＝弓に弦を張るときには数人で力を合わせて弓を撓《たわ》めて弦をかけた。そのときに必要な力の強さのこと。○両＝鎧などを数える単位）

保元・平治の乱では、敵味方互いに相手の内情はわかっていた。物語の作者も、両陣の情報を集め、内部の動きを推測するのに困難はなかった。しかし、源平の戦いでは、維盛の率いる平家方と、迎え撃つ東国の軍勢の両方について的確な情報を持ち、戦略を練ることは難しかった。維盛は、源氏と平家の両方に属したことのある斎藤実盛に、東国武士について語らせ、実盛は、東国武士は強い弓を引き、どんな悪路も馬を乗りこなす武芸を持っており、武将は少なくとも五百騎を従えていると、公家化した総大将維盛の想像を超えるものであることを知らせる。

西国のいくさと申《もうす》は、おや討たれぬれば孝養《きようよう》し、いみあけてよせ、子討たれぬれば、その思ひなげきによせ候はず。兵粮米《ひようろうまい》尽きぬれば、春は田つくり、秋はかりをさめてよせ、夏はあつしと言ひ、冬はさむしときらひ候。東国にはすべて其《その》儀候はず。甲斐・信乃の源氏共《ども》、案内は知ッて候。富士のすそより搦手《からめで》にやまはり候らん。かう申せば君をおくせさせまゐらせんとて申《もうす》には候はず。いくさはせいにはよらず、はかり事によるとこそ申つたへて候へ。実盛《さねもり》今度のいくさに命いきて、ふたゝびみやこへ参るべしとも覚候はず」と申ければ、平家の兵共これを聞いて、みなふるひわなゝきあへり。（巻第五「富士川」）

（○いみあけ＝忌明け。喪の期間が終わること。○案内＝富士川あたりの状況。○搦手＝敵の背面。○おくせさせ＝臆させる。気おくれさせる。○せい＝勢。軍勢の大きさ）

さらに実盛は、西国の武士は戦いの中でも仏事にこだわるのに、東国の武士は戦うことのみを考えて勇猛この上ないことを知らせ、自身も生きて都に帰れるとは思っていないと、とどめをさした。

実盛の説明を聞いた平家の軍勢は、恐れ戦《おのの》き、明日は富士川で矢合わせをと決めた十月二十三日の夜、近隣の住民の焚《た》き火を、源氏の軍の篝火《かがりび》と勘違いして浮き足立ち、富士の沼に集まった水鳥が一斉に飛び立つ羽音の大きさに驚いて、「すはや源氏の大ぜいのよするは。斉藤別当が申《もうし》つる様に、定《さだめ》て搦手《からめで》もまはるらん。とりこめられてはかなふまじ。こゝをばひいて、尾張河、洲俣《すのまた》をふせけや」と潰走した。

この実盛の弁舌は、勇猛な東国武士の気質を説明したり、中世における東国と西国の比較をしたりするときにしばしば引用されて、広く知られている。草深い未開の東国と、そこに住む粗野な人間を、雅やかな都、開発の進んだ西国に対比させて描き出すのは、王朝文学の約束事であったが、ここで語られる実盛のことばは、東西武士の気質を的確に捉えており、合戦記以来の伝統的な東国観を超えたものになっている。

平家の大軍は戦わずして富士川の岸から退いたが、それに先だって、頼朝の従兄弟にあたる木曾義仲が信濃国《しなののくに》（長野県）で挙兵した。翌年閏《うるう》二月、反平家軍の諸国蜂起の報に囲まれて、清盛は世を去る。義仲は京都をめざし、破竹の勢いで進撃し、一一八三年（寿永二）五月、維盛の率いる平家方の軍と、越中国と加賀国の境にある倶利伽羅《くりから》峠（富山県小矢部市と石川県津幡町の県境）で戦い、平家軍は大敗した。

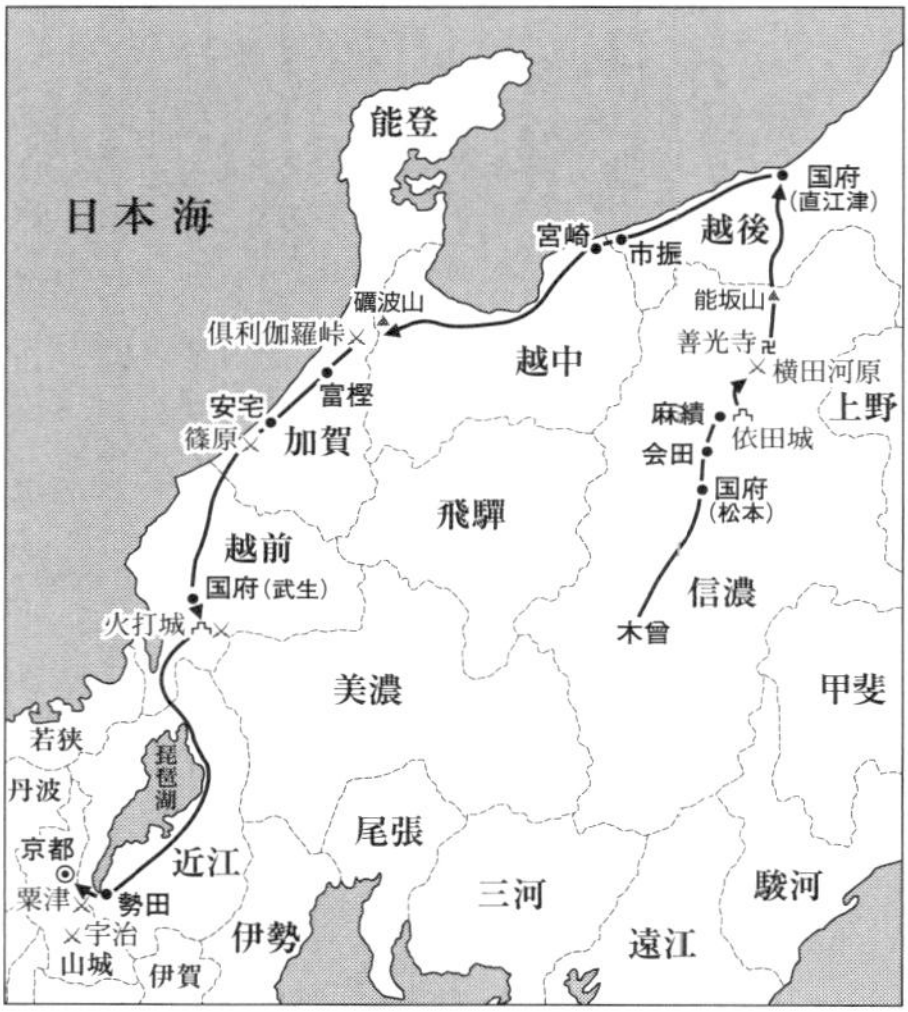

木曾義仲進軍経路図

次第にくらうなりければ、北・南よりまはッつる搦手《からめで》の勢一万余騎、倶梨迦羅《くりから》の堂の辺にまはりあひ、えびらのほうだて打《うち》たゝき、時をどッとぞつくりける。平家うしろをかへり見ければ、白旗雲のごとくさしあげたり。「此《この》山は四方巌石《がんせき》であんなれば、搦手よもまはらじと思《おもい》つるに、こはいかに」とてさわぎあへり。去《さる》程に、木曾殿、大手より時の声をぞあはせ給ふ。松長の柳原・ぐみの木《きん》林《ばやし》に一万余騎ひかへたりける勢も、今井四郎が六千余騎で日宮林《ひのみやばやし》にありけるも、同《おなじ》く時をぞつくりける。前後四万騎《しまんぎ》がをめく声、山も川もたゞ一度にくづるゝとこそ聞えけれ。案のごとく、平家、次第にくらうはなる、前後より敵は攻め来《きた》る。「きたなしや、かへせ、かへせ」といふやからおほかりけれ共《ども》、大勢の傾《かたむき》たちぬるは、左右《そう》なうとッてかへす事かたければ、倶梨迦羅が谷へ、われ先にとぞ落しける。まッさきにすゝむだる者が見えねば、此《この》谷の底に道のあるにこそとて、親落せば子も落し、兄落せば弟もつゞく。主落せば家子《いえのこ》・郎等《ろうどう》落しけり。馬には人、ひとには馬、落かさなり〱、さばかり深き谷一つを、平家の勢七万余騎でぞうめたりける。

（巻第七「倶利迦羅落」）

（○倶梨迦羅＝梵語の音写。不動明王の変化身をいう。○えびらのほうだて＝箙《えびら》の下の箱の部分。○白旗＝源氏の旗は白。平家は赤旗であった。○今井四郎＝今井兼平。義仲の乳兄弟で従者。○きたなしや＝卑怯《ひきよう》だぞ）

合戦のありさまを対象化して描写しきった、みごとな例として挙げておきたい。義仲の勢いは止まらず、二か月後には京都に入ったが、配下の武士とともに狼藉をはたらき、「たけき者」の辿る定めで滅びることになる。

第三節　平家都落と木曾最期

一一八三年（寿永二）七月、木曾義仲が都に迫る中、清盛の子の内大臣宗盛《むねもり》は、安徳天皇と天皇の母后で妹の建礼門院徳子を奉じ、平家一門を率いて西海に向かった。忠度《ただのり》（清盛の弟。忠教と書くことも）は、西に向かう途中から引き返して、藤原俊成の邸《やしき》を訪ねた。

薩摩守忠教《さつまのかみただのり》は、いづくよりやかへられたりけん、侍《さぶらい》五騎《き》、童《わらわ》一人、わが身ともに七騎取ッて返し、五条の三位俊成卿《さんみしゆんぜいの》の宿所におはして見給へば、門戸《もんこ》をとぢて開かず。「忠教」と名のり給へば、「おちうと帰りきたり」とて、その内さわぎあへり。薩摩守馬よりおり、みづからたからかにの給《たまい》けるは、「別の子細候はず、三位殿《さんみどの》に申《もうす》べき事あッて、忠教がかへりまゐッて候。門《かど》をひらかれずとも、此《この》きはまで立《たち》よらせ給へ」との給へば、俊成卿、「さる事あるらん。其《その》人ならばくるしかるまじ。入れ申せ」とて、門《かど》をあけて対面あり。事の体《てい》、何となう哀《あわれ》也。薩摩守の給ひけるは、「年来申承《としごろもうし》ッて後、おろかならぬ御事に思ひまゐらせ候へ共《ども》、この二三年は京都のさわぎ、国〻のみだれ、併《しかしながら》当家の身の上の事に候間《あいだ》、疎略《そらく》を存ぜずといへども、常に参りよる事も候はず。君既に都を出《いで》させ給ひぬ。一門の運命はや尽き候ぬ。撰集《せんじゆう》のあるべき由《よし》承候しかば、生涯《しようがい》の面目に、一首なり共、御恩をかうぶらうと存じて候しに、やがて世のみだれ出できて、其《その》沙汰なく候条《じよう》、たゞ一身の嘆《なげき》と存《ぞんず》る候《ぞうろう》。世しづまり候なば、勅撰の御沙汰候はんずらむ。是《これ》に候巻《まき》物《もの》のうちに、さりぬべきもの候はば、一首なりとも御恩を蒙ッて、草の陰にてもうれしと存《ぞんじ》候はば、遠き御まもりでこそ候はんずれ」　（巻第七「忠教都落」）

（○おろかならぬ＝おろそかでなく。○併＝総て。○君＝安徳天皇。○撰集＝勅撰集《ちよくせんしゆう》の歌を選ぶこと。俊成は『千載和歌集』の撰者《せんじや》であった。○遠き御まもり＝遠いあの世から御守りする）

平家の行く末を見極めた忠度は、俊成に自選の詠草一巻を託して西に向かい、平家の戦陣に加わり、一ノ谷で戦死した。俊成は、戦乱が収まって間もなく勅撰集の撰者になったとき、「故郷花」という題で詠まれた「さゞなみや志賀の都はあれにしをむかしながらの山ざくらかな」（さざ波が打ち寄せる志賀の大津京は荒れ果ててしまっているのに、背後にある長等山の桜は昔ながらに美しく咲いている）という歌を、一首だけ『千載和歌集』に入れて忠度の願いに応えた。しかし、壇ノ浦《だんのうら》の合戦から二年後のことであったため、忠度の歌は「読人《よみびと》しらず」として名を記されず、生涯の面目にはならなかった。「忠教都落」の段は、「其身《そのみ》、朝敵となりにし上は、子細に及ばずと言ひながら、うらめしかりし事ども也」という文で結ばれている。

『平家物語』は、中世叙事詩として、西欧の『ニーベルンゲンの歌』や北欧の『エッダ』と並べて論じられることがあるが、一ノ谷で討ち取られた大将軍の箙に結び付けられていた紙に、「旅宿花《りよしゆくのはな》　ゆきくれて木《こ》のしたかげをやどとせば花やこよひのあるじならまし　忠教」とあるのが見つかり、首を取られた大将軍が薩摩守忠度であったことがわかった（巻第九「忠教最期」）というような物語は、殺伐としたヨーロッパの中世叙事詩の世界とは異なっており、王朝の文化を受け継ぎながら、新しい文学の世界を開いていった日本の中世世界の特色をよく表わしている。

平家都落ちの後、勝者として都に入った義仲は、粗暴な言動で都の人々に疎まれる。『平家物語』は、そのころ後白河法皇は中原康定に命じて、頼朝を征夷大将軍に任じる院宣を鎌倉に届けさせたと述べているが、頼朝が征夷大将軍になったのは、広く知られている通り、一一九二年（建久三）で、この話は史実ではない。

泰定《やすさだ》都へのぼり院参《いんざん》して、御坪《おつぼ》の内にして、関東のやうつぶさに奏聞《そうもん》しければ、法皇も御感《ぎよかん》ありけり。公卿《くぎよう》・殿上人《てんじようびと》も、皆《みな》ゑつぼにいり給へり。兵衛佐はかうこそゆゝしくおはしけるに、木曾の左馬頭《さまのかみ》、都の守護してありけるが、たちゐの振舞《ふるまい》の無骨《ぶこつ》さ、物言ふ詞《ことば》つゞきのかたくななる事、かぎりなし。ことわりかな、二歳《さい》より信濃国《しなののの》木曾といふ山里に、三十まで住みなれたりしかば、争《いかで》か知るべき。（巻第八「猫間」）

（○泰定＝中原康定。頼朝を征夷大将軍に任ずる後白河法皇の院宣を鎌倉に届けた使者。○御坪＝御所の中庭。○ゑつぼ＝会心の笑み。○ゆゝしく＝立派な様子で。○詞つゞき＝話しぶり）

都に帰った康定の報告と、それを聞いた貴族の反応が記されているが、これは『平家物語』作者の武家に対する蔑視を表わしている。平家に代わる武家として、頼朝と手を結ぼうとする後白河法皇の政略で、義仲は、今や敵となった頼朝の命を受けた義経に追われて、都を去っていく。

今井の四郎・木曾殿、主従二騎になッてのたまひけるは、「日来《ひごろ》はなにともおぼえぬ鎧が、けふはおもうなッたるぞや」。今井四郎申《もうし》けるは、「御身《おんみ》もいまだつかれさせたまはず。御馬《おんま》もよわり候はず。なにによッてか一両の御《おん》きせながをおもうはおぼしめし候べき。それは御方に御勢《おんせい》が候はねば、臆病でこそさはおぼしめし候へ。兼平一人《いちにん》候とも、余《よ》の武者千騎とおぼしめせ。矢七八《ななつやつ》候へば、しばらくふせき矢仕《つかまつ》らん。あれに見え候、粟津《あわづ》の松原と申《もうす》。あの松の中で御自害候へ」とて、うッてゆく程に、又あら手の武者五十騎ばかり出できたり。「君はあの松原へいらせ給へ。兼平は此《この》敵ふせき候はん」と申ければ、木曾殿のたまひけるは、「義仲宮《みや》こにていかにもなるべかりつるが、これまでのがれくるは、汝と一所《いっしょ》で死なんと思ふ為《ため》也。ところ〴〵で討たれんよりも、一《ひと》ところでこそ打死をもせめ」とて、馬の鼻を並べてかけむとしたまへば、今井四郎馬よりとびおり、主の馬の口にとりついて申《もうし》けるは、「弓矢とりは、年来《としごろ》日来《ひごろ》いかなる高名《こうみょう》候へども、最後の時不覚しつれば、ながき疵《きず》にて候也。御身《おんみ》はつかれさせ給ひて候。つゞく勢《せい》は候はず。敵におしへだてられ、言ふかひなき人、郎等にくみ落されさせ給て討たれさせ給なば、「さばかり日本国に聞えさせ給ひつる木曾殿をば、それがしが郎等の討ちたてまッたる」なンど申さん事こそ口惜う候へ。たゞあの松原へいらせ給へ」と申ければ、木曾、「さらば」とて、粟津の松原へぞかけたまふ。

（巻第九「木曾最期」）

（○今井の四郎＝「倶利伽羅落」の段にも出る義仲の従者で盟友の、兼平のこと。 ○きせなが＝着

背長。大将が着る大鎧。○粟津＝滋賀県大津市粟津町周辺。○宮こ＝都）

引用が長くなったが、これは『平家物語』の中で、最も優れた描写の一つとして知られる一節である。固い主従の絆《きずな》で結ばれた木曾義仲と今井四郎兼平は、都を出て戦いつつ近江国《おうみのくに》（滋賀県）に来た。殿は疲れてはいないし、馬も弱ってはいない。兼平はそういって、いつもの鎧が今日は重いと弱音を吐く義仲の気分を引き立てようとするが、それは、源氏の大将に相応しい死に方をという気遣いからのことばであった。義仲は兼平とともに戦って死にたいと思っているが、兼平は、義仲の自害の時間を作るために打って出る。一人残された義仲は、石田の次郎為久という武士に首を取られてしまう。主従の心の動きが克明に描き出され、壮絶とはいかなかった大将の死が、琵琶の伴奏と絶妙な間をとって語られる。

第四節　源氏の追撃と一ノ谷・屋島の合戦

都を追われた平家は、かつて清盛が寺社勢力などとの関わりを避けて、新しい都とした福原

一ノ谷の合戦　古谷知新編『日本歴史図会』（第四輯）所収
国会図書館デジタルコレクションより

に立て籠もって体勢を整えようとした。都では平家が戻ってくるという噂《うわさ》も立ったが、兄頼朝の命を受けた、蒲の御曹司源範頼と九郎御曹司源義経は、大軍を率いて平家の追撃を開始した。『徒然草《つれづれぐさ》』に、『平家物語』を書いた行長が、義経のことは詳しく書いたのに、範頼のことは知らなかったらしく、多くのことを書き洩らしたと記されている通り、巻第九以降、義経の果敢な戦略と勇敢な行動が多く語られ、九郎判官義経は源平合戦の物語の主役になった。

一一八四年（寿永三）二月、義経は、平家が天険の要害と考えて陣を構える一ノ谷に奇襲攻撃をかけた。平家の背後に屹立《きつりつ》する急斜面を、馬に乗って駆け降りるという、想像もしなかった襲撃で、平家の陣は敢えなくやぶられる。

御曹司《おんぞうし》、城郭《じょうかく》はるかに見わたいておはしけるが、「馬ども落《おと》いてみむ」とて、鞍おき馬を追落す。或《あるい》は足をうちをッてころんで落つ。或は相違なく落ちてゆくもあり。鞍おき馬三疋《びき》、越中前司が屋形のうへに落ちついて、身ぶるひしてぞ立ッたりける。御曹司是《これ》を見て、「馬どもは、ぬし〳〵が心得て落さうには損ずまじいぞ。くは落せ。義経を手本にせよ」とて、まづ卅騎ばかり、まッさきかけて落されけり。大勢みなつゞいて落す。後陣《ごじん》に落す人々のあぶみの鼻は、先陣の鎧・甲《かぶと》にあたるほどなり。小石まじりのすなごなれば、流れ落しに、二町計《ばかり》ざッと落《おと》いて、壇《だん》なるところにひかへたり。それよりしもを見くだせば、大盤石《だいばんじやく》の苔《こけ》むしたるが、つるべ落しに十四五丈ぞくだッたる。兵《つわもの》どもうしろへとッてかへすべきやうもなし。又さきへ落すべしとも見えず。「こゝぞ最後」と申《もうし》て、あきれてひかへたるところに、佐原《さはらの》十郎義連《よしつら》すゝみ出でて申《もうし》けるは、「三浦の方《かた》で、我等《われら》は鳥ひとつたてても、朝ゆふか様《よう》のところをこそはせありけ。三浦の方の馬場や」とて、まッさきかけて落しければ、兵《つわもの》どもみなつゞいて落す。えい〳〵声をしのびにして、馬にちからをつけて落す。あまりのいぶせさに、目をふさいでぞ落しける。おほかた人のしわざとは見えず、たゞ鬼神《きじん》の所為《しよい》とぞ見えたりける。落しもはてねば、時をどッとつくる。三千余騎が声なれど、山びこにこたへて、十万余騎とぞ聞えける。（巻第九「坂落」）

（○御曹司＝曹司は部屋のことで、貴族の部屋住みの子弟に対する敬称。ここでは義経を指す。○鞍《くら》おき馬＝鞍をはじめ馬具をつけて武装した馬。○越中前司＝平盛国の子である盛俊。○屋形＝借りの宿舎。○ぬし〳〵が心得て＝それぞれの乗り手が注意して。○くは＝さあ。○あぶみの鼻＝鐙《あぶみ》の先端。○二町＝約二百十八メートル。○十四五丈＝約四二〜四五メートル。○こゝぞ最後＝ここで死ぬ。○三浦の方＝相模国三浦郡。神奈川県の三浦半島一帯。○鳥ひとつたてても＝鳥一羽追いたてる狩でも。○えい〳〵＝馬を励ます声。○いぶせさ＝恐ろしさ。○落しもはてねば＝下り終わらないのに）

義経の奇襲に敗れた平家は讃岐国《さぬきのくに》（香川県）の屋島に向かうことになるが、一ノ谷の攻防は激戦で、巻第九の「坂落」の後は、「越中前司最期」「忠教最期」「重衡《しげひら》生捕」「敦盛最期」「知章《ともあきら》最期」と平家の哀勢が語られていく。越中前司盛俊は山手の侍大将だったが、猪俣《いのまた》範綱に討ち取られ、藤原俊成に暇乞《いとまご》いをした薩摩守忠度は岡部忠澄に討たれたとき、箙に結んだ紙に歌を記していた。本三位中将重衡は生田の森の副将軍であったが、梶原景季らに捕えられ、後に南都焼打ちの罪を問われて斬られることになる。次々に平家の公達《きんだち》が討たれる中で、生田の森の大将軍知盛の子武蔵守《むさしのかみ》知章は監物《けんもつ》頼方を従えて、襲いかかる敵の大将と組み合い、頸を斬って立ち上がろうとするところを、敵の童に襲われて頸を斬られる。その童を討ち取った頼方は、敵に囲まれて討ち死にするという壮絶な戦いが語られる。
中でも物語を聞く人の心を打ったのは、敦盛の最期であった。

いくさやぶれにければ、熊谷《くまがえの》次郎直実《なおざね》、「平家の君達《きんだち》、たすけ舟に乗らんと汀《みぎわ》の方《かた》へぞ落ちたまふらむ。あッぱれよからう大将軍《たいしょうぐん》にくまばや」とて、磯の方へあゆまするところに、ねりぬきに鶴ぬうたる直垂《ひたたれ》に、萌黄匂《もよぎにおい》の鎧着て、鍬形《くわがた》うッたる甲《かぶと》の緒《お》しめ、こがねづくりの太刀をはき、切斑《きりふ》の矢負ひ、しげどうの弓持ッて、連銭葦毛《れんぜんあしげ》なる馬に黄覆輪《きぶくりん》の鞍置いて乗ッたる武者一騎、沖なる舟に目をかけて、海へざッとうちいれ、五六段《たん》ばかりおよがせたるを、熊谷、「あれは大将軍とこそ見まゐらせ候へ。まさなうも敵《てき》にうしろを見せさせたまふものかな。かへさせ給へ」と、扇をあげてまねきければ、招かれて、とッてかへす。

（巻第九「敦盛最期」）

（○ねりぬき＝練貫。高級な絹織物。○萌黄匂の鎧＝縅《おどし》の上部を濃い黄緑色で染め、下部にいくにつれて次第に色が薄くなるように配色した鎧。　○切斑＝黒白模様の美しい矢羽。　○黄覆輪の鞍＝輪の縁を金で覆った高級な鞍。　○まさなうも＝まさなくも。見苦しくも）

武蔵国の住人であった熊谷直実は、屋島に向かう船に乗ろうとする平家の大将を討ち取って、手柄にしようと待ち構えていたところ、身分の高い装いをした平家の武将が船に乗ろうと馬を海に乗り入れたのを見つけ、敵に後ろを見せるのかと呼びかける。呼びかけに応じて帰ってきた武将と取り組み、組敷いて頸を取ろうと顔を見ると、薄化粧して歯を黒く染めている。

我が子と同じ十六、七歳の若者であることがわかり、名を問うが若者は答えず、お前のためにはよい敵だ、私の正体は頸を取って人に訊《き》けという。直実は、健気《けなげ》な若者を逃してやろうとするが、味方の武士が来るのに気付いて、涙を抑えて頸を取り、その頸を包もうとして若武者の着ていた鎧の直垂を切り取ると、付いていた錦の袋の中に笛が入っていて、明け方陣中から聞こえた笛の音の主はこの若者であったことを知った。後にこの若者が清盛の弟である経盛の子敦盛で、生年十七であったことを知った直実は、武士であることの悲哀を感じた。

この敦盛の最期を描いた能の『敦盛』、さらに浄瑠璃の『一谷嫩軍記《いちのたにふたばぐんき》』の「熊谷陣屋」は人気を博し、「敦盛最期」は『平家物語』の中でも有名な一段となり、小学唱歌「青葉の笛」

扇を射る那須与一　古谷知新編『日本歴史図会』（第四輯）所収
国会図書館デジタルコレクションより

も親しまれた。なお、本書の第二章の第二節で挙げた法然《ほうねん》の手紙は、熊谷入道直実に宛てたものであるが、直実が出家して法然の弟子になったのは、敦盛を斬ったときに無常を感じたからだという伝説が広く伝えられた。

凄惨な死闘が語られる合間に、波間に浮かぶ平家の船に、十八、九歳の美しい女房が、紅地に日輪を金箔で押した扇を船のへりに立て、陸上の源氏に向かって、射てみよと差し招くのに応えて、義経に指名された那須与一《なすのよいち》が、決死の覚悟で弓を引く。

あやまたず扇のかなめぎは一寸ばかりおいて、ひィふつとぞ射きッたる。鏑は海へ入《いり》ければ、扇は空へぞあがりける。しばしは虚空《こくう》にひらめきけるが、春風《はるかぜ》に、一《ひと》もみ二《ふた》もみもまれて、海へさッとぞ散ッたりける。夕日《ゆうひ》のかゝやいたるに、みな紅《ぐれない》の扇の日出《いだ》したるが、しら浪のうへにたゞよひ、うきぬ沈みぬゆられければ、奥《おき》には平家、ふなばたをたゝいて感じたり。陸《くが》には源氏、えびらをたゝいてどよめきけり。

（巻第十一「那須与一」）

広く知られる、『平家物語』の名場面の一つである。

第五節　壇ノ浦の合戦と平家の滅亡

一ノ谷の合戦に敗れた平家は、安徳天皇を奉じ、宗盛に率いられて対岸の讃岐国の屋島に陣取ることになった。宗盛は弟の知盛を長門国（山口県）に向かわせて、瀬戸内海の制海権を握り、源氏と戦う体勢を固めた。都では後白河法皇が、平家に擁立されて西国に下った天皇に代わる新たな天皇を立てることを考え、神器を取り戻す交渉をかさねたが成立せず、一一八三年

（寿永二）八月、高倉天皇の皇子で、安徳天皇の異母弟に当たる後鳥羽天皇を、神器なしで践祚《せんそ》（皇位を継ぐこと。即位の式は別に行われる）させた。その結果、翌年から寿永と元暦と二つの元号が並立することになった。

　後白河法皇は頼朝に平家の追討を命じ、頼朝は、範頼に長門国・九州を押さえさせ、義経に屋島を攻撃させた。義経は少数の武士とともに阿波国《あわのくに》（徳島県）に上陸して屋島を襲い、陸路からの攻撃への備えをしていなかった平家の軍は総崩れとなり、海上を西へ向かった。この戦いで制海権を失った平家は、内海西端の壇ノ浦に追い詰められてしまう。抗戦も空《むな》しく、安徳天皇は入水《じゅすい》し、総大将宗盛は捕えられ、平家一門は滅亡することになった。

「尼ぜ、われをばいづちへ具してゆかむとするぞ」と仰《おおせ》ければ、いとけなき君にむかひたてまつり、涙をおさへて申されけるは、「君はいまだしろしめされさぶらはずや。先世《ぜんぜ》の十善戒行《じゅうぜんかいぎょう》の御《おん》ちからによッて、いま万乗《ばんじょう》のあるじとむまれさせ給へども、悪縁にひかれて、御運すでに尽きさせ給ひぬ。まづ東《ひんがし》にむかはせ給ひて伊勢大神宮に御いとま申させ給ひ、其《その》後西方浄土の来迎《らいこう》にあづからむとおぼしめし、西にむかはせ給ひて、御念仏さぶらふべし。この国は粟散辺地《そくさんへんじ》とて、心うきさかひにてさぶらへば、極楽浄土とて、めでたき処へ具しまゐらせさぶらふぞ」となく〳〵申させ給ひければ、山鳩色《やまばと》の御衣《ぎよい》に、びんづらゆはせ給ひて、御涙におぼれ、ちいさくうつくしき御手をあはせ、まづ東をふしをがみ、伊勢大神宮に御いとま申させ給ひ、其後西にむかはせ給ひて、御念仏ありしかば、二位殿やがていだき奉り、「浪《なみ》のしたにも都のさぶらふぞ」となぐさめたてまッて、ちいろの底へぞ入《いり》給ふ。

（巻第十一「先帝身投」）

○尼ぜ＝尼御前。清盛の妻である平時子。宗盛・建礼門院徳子の母。二位尼と呼ばれた。○十善戒行＝十の善戒を守ること。○万乗＝一万台の兵車。転じて、天皇の位を指す。○来迎＝臨終に仏菩薩《ぼさつ》が迎えに来ること。○粟散辺地＝辺境の小国。○山鳩色＝青みを帯びた黄色。○びんづら＝みずら。古代の男性の髪の結い方。○ちいろ＝千尋《ちひろ》。深い海の底）

安徳天皇は祖母の二位尼から、帝《みかど》としての運が尽きたことを教えられ、伊勢大神宮に暇を乞い、極楽往生を願う念仏を唱えた後、海の底にある都へと促され、尼とともに入水する。日本の古典では他に見られない場面であり、王朝時代の終焉《しゆうえん》を思わせる。

新中納言《しんじゆうなごん》、「見るべき程の事は見つ。いまは自害せん」とて、めのと子の伊賀平内左衛《いがのへいない》門家長《いえなが》を召して、「いかに、約束はたがふまじきか」との給へば、「子細にや及《およ》候」と、中納言に鎧二領着せたてまつり、我身《わがみ》も鎧二領着て、手をとりくんで海へぞ入《いり》にける。是《これ》を見て、侍共廿余人おくれたてまつらじと、手に手をとりくんで、一所《いつしよ》に沈みけり。其《その》中に越中次郎兵衛・上総《かずさの》五郎兵衛・悪七兵衛《あくしちびようえ》・飛弾《ひだの》四郎兵衛は、なにとしてかのがれたりけん、そこをも又落《おち》にけり。海上《かいしよう》には赤旗、赤じるしなげ捨て、かなぐり捨てたりければ、竜田河《たつたがわ》の紅葉《もみじ》ばを嵐の吹散らしたるがごとし。みぎはによするしら浪も、うすぐれなゐにぞなりにける。主《ぬし》もなきむなしき舟は、塩にひかれ、風に従ッて、いづくをさすともなくゆられゆくこそ悲しけれ。　（巻第十一「内侍所都入」）

（○新中納言＝彦島・門司を固めていた平知盛。　○見るべき程の事＝最後まで見届けなければならないこと。　○めのと子＝乳母の実子。　○約束＝生死をともにするという主従の約束。　○子細にや及候＝あれこれいうまでもない。　○領＝衣装一揃《ひとそろい》を数える単位。重くて沈みやすいように二領着せた。　○竜田河＝奈良県北西部を流れる川。紅葉の名所）

総大将宗盛以下、時忠、清宗らが捕えられ、平家の敗北が決まった。宗盛の弟知盛は、平家一門の運命が尽きたことを見届けて、従者とともに入水する。戦いが終わって、生け捕りにな

壇ノ浦の合戦　古谷知新編『日本歴史図会』（第四輯）所収
国会図書館デジタルコレクションより

った平家の武将ら三十八人は都に連れていかれ、建礼門院徳子と女官たちも護送されて都に入った。さらに、三種の神器のうち、神鏡と神璽《しんじ》も都の後鳥羽天皇のもとに返されたが、宝剣は懸命の捜索の甲斐《かい》なく、海に沈んで還ってこなかった。

生け捕りになった大将ではなく、討ち死にした武将でもなく、合戦の場で自害した知盛に「見るべき程の事は見つ。いまは自害せん」といわせて、源平合戦の語りは終わる。

清盛の罪障の報いか、今をときめく存在であった平家の人々は、歴史の舞台から消えていったが、平家の物語はまだ終わらない。維衡《これひら》を祖とする伊勢平氏は、正盛以後中央に進出し、忠盛―清盛―重盛―維盛と続いたが、戦いが終わったとき、正盛から数えて六代目の六代御前は、身を隠して平家に心を通わせる人々に守られていた。他方、東国に創建された源氏の武家政権は、反源氏の勢力の動きを警戒して、平家の子孫を根絶やしにしようと、執拗《しつよう》に捜索を続けた。『平家物語』は、六代御前が捕えられ、斬られるまでの顚末《てんまつ》を、「六代」「泊瀬六代」「六代被斬」の三段で語って、全十二巻を閉じることになる。

北条四郎時政は、頼朝の妻政子の父であり、挙兵以来頼朝を支え続け、平家滅亡後、頼朝の代官として京都に駐在した。時政は義経に加担した院の近臣を処分し、都の治安回復に努める中で、平家の残党を一掃するために、まだ幼い維盛の嫡子を捜索し、捕えて東国に送ろうとしていた。

北条四郎策《はかりこと》に、「平家の子孫と言はん人尋出《たずねいだ》したらむ輩《ともがら》においては、所望こふによるべし」と披露《ひろう》せらる。京中のもの共、案内は知ッたり、勧賞《けんじょう》蒙らんとて、尋《たずね》もとむるぞうたてき。かゝりければ、いくらも尋出《たずねいだ》したりけり。下臈《げろう》の子なれ共《ども》、色しろう見めよきをば召し出《いだ》いて、「是《これ》はなんの中将殿の若君」、「彼《かの》少将殿の君達」と申せば、父母《ちちはは》なきかなしめども、「あれは介惜《かいしやく》が申《もうし》候」、「あれはめのとが申《もうす》」なんど言ふ間《あいだ》、無下《むげ》にをさなきをば水に入《いれ》、土にうづみ、少《すこし》おとなしきをばおし殺し、さし殺す。母がかなしみ、めのとがなげき、たとへんかたぞなかりける。北条も子孫さすが多ければ、是をいみじとは思はねど、世にしたがふならひなれば力及ばず。（巻第十二「六代」）

（○北条四郎＝北条時政。○こふ＝乞う。○うたてき＝心が痛む。○下﨟＝下位の身分の者。○介惜＝介添え。○めのと＝乳母）

源平合戦の戦後処理の非情な側面が語られ、最後に清盛の曾孫《そうそん》の死に至る。

さる程に六代御前は、三位禅師《のぜんじ》とて、高雄におこなひすましておはしけるを、「さる人の子なり、さる人の弟子なり。かしらをばそッたりとも、心をばよもそらじ」とて、鎌倉殿より頻《しきり》に申されければ、安判官資兼《あんはんがんすけかね》に仰《おおせ》て、召捕《めし》ッて関東へぞ下《くだ》されける。駿河国《するがの》住人岡辺権守泰綱《おかべのごんのかみやすつな》に仰《おおせ》て、田越川《たこえがわ》にて切られてンげり。十二の歳《とし》より、卅にあまるまでたもちけるは、ひとへに長谷《はせ》の観音の御利生《ごりしょう》とぞ聞えし。それよりしてこそ、平家の子孫はながくたえにけれ。（巻第十二「六代被斬」）

（○六代御前＝維盛の嫡子。幼名六代丸。御前は貴人の敬称。○三位禅師＝六代の父維盛が三位

であったことによる、六代の呼称。○安判官＝安藤判官。○田越川＝神奈川県逗子市を流れる川）

「それよりしてこそ、平家の子孫はながくたえにけれ」という一文で、平家の物語は幕を閉じる。

第六節　世界の総てを見た女院

『平家物語』の諸本の中で、一方流の語り本には、全十二巻の後に、建礼門院徳子の生涯を語る「灌頂巻《かんじようのまき》」が付けられていて、平家の物語の総集編というかたちになっている。「灌頂巻」のヒロインである徳子は、清盛の次女で、母は時子。兄に重盛・宗盛・知盛、弟に重衡がいた。母の妹滋子は、後白河法皇の寵愛を受けた女御《にようご》で、皇子は高倉天皇となった。滋子は、法皇と清盛の関係を密にしようと奔走し、姪《めい》の徳子を高倉天皇のもとに入内させた。時に徳子十七歳、天皇は十一歳であった。

「灌頂巻」は、「女院出家」「大原入」「大原御幸」「六道之沙汰」「女院死去」の五段からなるが、建礼門院は壇ノ浦で、母二位尼時子、幼いわが子安徳天皇とともに海に入りながら、一人だけ救いあげられ、都に護送された。都に帰った建礼門院は、平家の菩提《ぼだい》を弔うために、出家して洛北《らくほく》の大原に入った。静寂な大原の里で仏事に明け暮れている女院（建礼門院）を、後白河法皇が訪れる「大原御幸」と、女院が語る「六道之沙汰」が、この巻の中心になっている。

「我平相国《われへいしょうこく》のむすめとして、天子の国母《こくも》となりしかば、一天四海、みなたなごゝろのまゝなり。拝礼《はいらい》の春の始《はじめ》より、色ミの衣《ころも》がへ、仏名《ぶつみょう》の年の暮、摂禄以下《せつろくいげ》の大臣《だいじん》・公卿《くぎょう》にもてなされしありさま、六欲《ろくよく》・四禅《しぜん》の雲の上にて、八万の諸天に囲繞《いにょう》せられさぶらふらむ様《よう》に、百官　悉《ことごとく》　あふがぬものやさぶらひし。……」（灌頂巻「六道之沙汰」）

（○拝礼＝元旦に行われる拝賀の儀式。　○仏名＝年末に仏の名を唱え、その年の罪障を除く法会。○六欲・四禅＝欲望の支配する世界を欲界といい、六つに分けて六欲天という。欲界の上に清らかな物質からなる色界があり、四つの段階に分けて四禅天という。　○八万＝八万四千の略。仏教で数の多いことをいう）

伊勢平氏の娘が皇后になり、天皇の母となって位を極めたが、女院の語るこの世のものとも思われぬ身の上は、一一八〇年（治承四）、二十六歳の年の二月、安徳天皇が践祚して国母となったのが絶頂で、五月、源頼政が高倉天皇の異母兄に当たる以仁王を奉じて平家追討の旗を挙げた事件で一転する。翌年父清盛が死に、兄の宗盛が後を継ぎ、徳子は建礼門院の女院号をうけたが、その翌々年、義仲軍に追われて、安徳天皇を奉じる宗盛とともに、都から福原、一ノ谷へと移り、都では安徳天皇の異母弟である後鳥羽天皇が立てられた。

一ノ谷から屋島へ。屋島の戦いも利あらず、壇ノ浦の決戦で、宗盛は捕えられ、諸将が討死する中で、前節で見た「先帝身投」の一節にあるように、天皇は二位尼とともに入水し、女院は波間から引き上げられたが、その後のことを女院はこの段で語っていく。

「……二位尼《のあま》やがていだき奉て、海に沈《しずみ》し御面影《おんおもかげ》、目もくれ心も消《きえ》はてて、忘れんとすれ共《ども》、忘られず、忍ばんとすれ共しのばれず。残《のこり》とゞまる人〻のをめきさけびし声、叫《きよう》喚《かん》・大叫喚《だいきようかん》のほのほの底の罪人も、これには過《すぎ》じとこそおぼえさぶらひしか。さて武士《もののふ》共にとらはれて、のぼりさぶらひし時、播磨国《はりまの》明石浦について、ちッとうちまどろみてさぶらひし夢に、昔の内裏《だいり》には、はるかにまさりたる所に、先帝をはじめ奉て、一門の公卿・殿上人みなゆゝしげなる礼儀にて侍《さぶら》ひしを、都を出《いで》て後、かゝる所はいまだ見ざりつるに、「是はいづくぞ」ととひ侍《さぶら》ひしかば、弐位の尼と覚《おぼえ》て、「竜宮城《りゅうぐうじょう》」と答《こたえ》侍ひし時、「めでたかりける所かな。是には苦《く》はなきか」ととひさぶらひしかば、「竜畜経のなかに見えて侍《さぶ》らふ。よく〳〵後世をとぶらひ給へ」と申すと覚えて夢さめぬ。其《その》後はいよ〳〵経をよみ、念仏して、彼御菩提《かのごぼだい》をとぶらひ奉る。是《これ》皆六道にたがはじとこそおぼえ侍へ」と申させ給へば、……

（灌頂巻「六道之沙汰」）

（○叫喚・大叫喚＝八大地獄、即《すなわ》ち等活・黒縄・衆合・叫喚・大叫喚・焦熱・大焦熱・無間における第四、第五。○播磨国明石浦＝兵庫県明石市。○先帝＝安徳天皇。○竜宮城＝深海の底にある竜王の宮殿。○竜畜経＝このような経典は『大蔵経』の中にない。○六道＝衆生が輪廻転生《りんねてんしょう》する、地獄・餓鬼・修羅・畜生・人・天の六つの世界）

『平家物語』は、平家一門の興亡を、時空を超えた眼で見届けた観察者が乗り移ったかのようにして、盲目の琵琶法師が語っていくことで成り立っているが、「灌頂巻」で観察者が見ているのは、後白河法皇が寂光院を訪ねて、女院と往時を語り合う場面であり、巻の中心をなす「六道之沙汰」の大部分は、女院自身の語りとなっている。

物語の世界を見通している琵琶法師が、ここでは女院の心の中を伝えることになっていて、「灌頂巻」の語りは、平家の物語とは別の時空を作っている。

女院は、自分の生涯は、初めは人間界にありながらにして、天上界のありさまを見るような日々であったが、父清盛の悪行の報いを受けて、この世に生きながら六道の総てを目のあたりにする日々を体験したようなものであった、と語る。その後は、六道輪廻の苦しみから離れて、極楽に往生することを祈願し、寂光院でともに仏事を怠りなくつとめた女房たちとともに往生を遂げた。

御念仏のこゑ、やう〳〵よわらせまし〳〵ければ、西に紫雲《しうん》たなびき、異香《いきよう》室《しつ》にみち、音楽そらに聞ゆ。かぎりある御《おん》事なれば、建久二年きさらぎの中旬に、一期《いちご》遂《つい》にをはらせ給ひぬ。

（灌頂巻「女院死去」）

（○建久二年＝一一九一年）

女院の死は、臨終の人が自分の指と阿弥陀《あみだ》如来の像の指を五色の糸で繋いで、念仏を唱え続けていると、虚空に妙なる音楽が聞こえ、かぐわしい香りが部屋に満ち、紫の雲に乗って仏菩薩が迎えにくる、という「往生伝」のかたちをとって語られる。『平家物語』の中では、女院や祇王祇女など、女人の往生は語られているが、戦って死んだ男性の極楽往生は語られていない。殺生の罪で堕《お》ちた地獄の恐ろしさも語られることはない。

後に、争いに明け暮れる修羅の世界に堕ちた、源平合戦で討死した武将たちが、戦いの古跡を訪れた旅の僧の供養によって成仏するという能が作られた。合戦で死んだ武将の鎮魂の曲は修羅物と呼ばれている。

「灌頂」は、もとは古代インドの国王の即位式で、聖なる水を頭頂に灌《そそ》いで祝意を表わしたのに始まる。大乗仏教では、菩薩が最高の位に達するときに、諸仏が頭頂に水を注いで、修行の達成を証した。また密教では、深奥の仏智《ぶっち》を授ける儀式として灌頂が行われ、さまざまな灌頂の儀礼が定められ、芸道では、秘伝を伝えるときに、伝授の作法が行われた。

『平家物語』を語り、聞く人々が増えていくと、琵琶法師の組織化が進み、約二百の『平家物語』の章段が「平物」「伝授物」「灌頂巻」「小秘事」「大秘事」に分類され、内容、節回し、発声などがさまざまに分けられて、稽古の階梯《かいてい》が定められるようになった。そうした中で、「灌頂巻」は、高貴な女性が語る段であったから、特別の品格を要求され、本編十二巻とは別格に扱われて、平曲の秘伝を伝授する巻とされた。幾つもの流派が生れる中で、最も大きな勢力を持った一方流の本にだけ「灌頂巻」があるのは、その流派の権威と組織力を示しているように思われる。

あとがき――中世の声と文字

私はこの本の「まえがき」で、中世を考える上で重要な本について考えるとき、石母田正氏が「貞永式目」『歎異抄《たんにしょう》』『平家物語』を挙げて中世的世界を論じたのを思い出すと書いた。「貞永式目」は、それについての北条泰時の手紙を挙げただけで、中世武家法について述べる余裕がなかったが、『歎異抄』に繋《つな》がる親鸞《しんらん》の手紙について考え、『平家物語』の成立とその世界について述べたのは、石母田氏の論が念頭にあったからだと思う。

確かに、この三部の本は、中世を体現した本であるが、この本の原稿が予定の枚数に達した後で考えてみると、もう一つ、『梁塵秘抄《りょうじんひしょう》』が、中世を考える上で、外すことのできない本ではないかという思いが強くなってくる。『梁塵秘抄』と『梁塵秘抄口伝集《くでんしゅう》』は、鳥羽天皇の第四皇子雅仁《まさひと》親王が編述した本で、もとは各十巻からなる大部の本であった。

雅仁親王は待賢門院璋子を母として生れたが、同母兄の崇徳《すとく》天皇のつぎに、美福門院得子を母とする異母弟の近衛《このえ》天皇が立てられたため、皇位を継ぐ可能性はなくなったと思われていた。ところが、三歳で即位した近衛天皇が十七歳で亡くなったため、皇位を継ぐことになり、後白河天皇となった。幼帝が続いていた当時としては、二十九歳の即位は異例の新帝と取り沙汰《ざた》された。

慈円も「イタクサタゞシク御アソビナドアリトテ、即位ノ御器量ニハアラズ」（『愚管抄《ぐかんしょう》』巻第四）と記しているように、母の邸《やしき》に住んでいた雅仁親王は、白拍子《しらびょうし》、傀儡女《くぐつめ》、遊女などを集めて歌舞に熱中し、千日歌い通して声も潰れるという日々を送っていた。そのありさまは、とても皇位を継ぐ器ではないと取り沙汰されていたが、その即位の翌年に、父鳥羽法皇が亡くなり、貴族たちが後白河天皇方と崇徳上皇方に分かれ、武士を集めて戦になったのが保元の乱である。この内乱に勝った天皇は親政を行ったが、二年後に皇子二条天皇に譲位して院政を行うことになった。しかし、平氏の台頭から源平合戦の時代になると、武力を持たない後白河法皇は、権謀術数を廻《めぐ》らして院の権威を守る以外になす術《すべ》がなかった。

若き日の後白河法皇は、さまざまな芸能に関心を寄せ、中でも今様に熱中した。傀儡女のあこ丸や、神崎（兵庫県尼崎市）の遊女かねが待賢門院邸に伺候して、当時流行の歌を大声で歌い続けた。後白河法皇は、節回しや発声法の習得に熱中した一方で、歌詞の蒐《しゅうしゅう》集にも力を尽くした。平安時代後期になると、都と地方の往来が盛んになり、地方の荘園《しょうえん》から運ばれてくる年貢にともなって、地方の歌謡や踊りが都で演じられ、都の人々の間で評判になっていた。

『梁塵秘抄』はその歌集で、当時の人々に親しまれた流行歌を伝える貴重な本であるが、初め十巻あったものが、現在は巻第一の断簡と巻第二しか伝わっていない。それでも、五百六十六首（重複あり）が残っており、巻第二の歌の数から推測すると、全十巻が伝わっていたら、五千首を超える歌集であったと考える人もいる。

『梁塵秘抄口伝集』は、歌謡のさまざまな種類の系譜を述べ、歌い方についての口伝を書き留めたもので、芸能の奥義を詳しく記す全十巻の本であったが、これも現在は巻第一の断簡と巻第十しか伝わっていない。巻第十は、後白河法皇が一一七九年（治承三）に、平清盛によって鳥羽殿に幽閉されていたときに完成されたと考えられ、美濃国《みののくに》青墓の宿（岐阜県大垣市）の傀儡女乙前から今様の伝授を受けたことが詳しく書かれている。『梁塵秘抄』と『梁塵秘抄口伝集』計二十巻が、完全なかたちで現存していれば、中世の社会と文化をめぐる私たちの知識は、どんなに豊かなものであったろうか。『詩経』の「国風」を連想したりして、残念この上ないが、それでも片鱗《へんりん》が残った幸運を思う。後白河法皇は、『梁塵秘抄口伝集』巻第十の結びに、

おほかた、詩を作り、和歌を詠《よ》み、手を書く輩《ともがら》は、書きとめつれば、末《すゑ》の世までも朽《く》

つることなし。声《こゑ》わざの悲しきことは、我が身崩《かく》れぬるのち、とどまることのなきなり。その故《ゆへ》に、亡《な》からむあとに人見よとて、いまだ世になき今様《いまやう》の口伝を作りおくところなり。

〈普通、詩を作り歌を詠み文字を書く人々は、書き留めておくので、末の世まで朽ちることがない。それに対して、声の芸の残念なところは、我が身が亡くなった後、それが留《とど》まっていることのないことである。それ故、我が亡き後に人に見よというわけで、これまで世の中になかった、今様の奥義を伝える秘伝書を作る次第である〉

と記して、声技がどんなに奥深く、厳しい修行をかさねて習得するものであっても、悲しいことに伝承者一代限りの技であり、文字に書かれたものと違って、後の世まで残ることはない、それでも、それを残そうとして「口伝」を書き記すのだという。

もともと、人々は声で思いを伝え合っていた。文字は、ことばとしての声を書き留めるために作られ、声で伝えられていたことばを、文字によって固定することができるようになった。しかし、限られた数の文字で千変万化の声を書き留めることは、容易なことではなかった。

『梁塵秘抄』に、「舞へ舞へ蝸牛《かたつぶり》　舞はぬものならば　馬《むま》の子や牛の子に蹴《く》ゑさせてん　踏み

破《わ》らせてん　実《まこと》に美しく舞うたらば　華《はな》の園《その》まで遊ばせん」（四〇八）という、よく知られた歌がある。かたつむり、でんでんむしは、古くから子供の間で歌われていたことから、この歌も平安時代後期の子供の遊び歌であったと考えられているが、子供の声がそのまま写されていると考えるのは早計であろう。

『梁塵秘抄』には地方の歌も多く記されているが、地方のことばの発音や訛《なま》りは、文字化されるときに標準的な表記に整えられていると考えられる。かたつむり、かたつぶりということばは、「蝸牛」という漢字で書かれており、それを見た貴族は、「蝸牛角上争何事、石火光中寄此身」という白楽天の詩句を連想し、その詩句を声にして「蝸牛《くわぎう》の角《つの》の上《うへ》に何事《なにごと》をか争ふ　石火《せきくわ》の光《ひかり》の中《うち》に此《こ》の身を寄す」（『和漢朗詠集』巻下「無常」）と朗詠したのかも知れない。

ことばとしての声を書き留める文字を作る前に、一字一字が意味と由来を持つ漢字を学んでしまった日本人は、声から文字へという自然な流れと逆に、文字を声に移すために文字に合うことばを選ぶ、という努力を続けることになった。他の民族と地域に見られない声と文字の関係であり、声を文字（仮名）に書き留めることと、文字（漢字）を声に移すためにことば（和語）を選ぶ、という二つの営みが交錯する中で、文学的な文章を創造したのが中世文学の世界であった。

第三章第五節で引用した『徒然草《つれづれぐさ》』二百二十六段の後半の文を、もう一度読んでみたい。

この行長入道、平家物語《へいけのものがたり》を作りて、生仏《しやうぶつ》といひける盲目《まうもく》に教へて語《かた》らせけり。さて、山門のことを、ことにゆゆしく書けり。九郎判官《くらうはうぐわん》の事は、くはしく知りて書きのせたり。蒲冠者《かばのくわんじや》の事は、よく知らざりけるにや、多くのことどもを記しもらせり。武士の事、弓馬《きゆうば》のわざは、生仏《しやうぶつ》、東国《とうごく》の者《もの》にて、武士に問ひ聞きて書かせけり。かの生仏が生れつきの声を、今の琵琶法師《びはほふし》は学びたるなり。

兼好法師は、中山行長が『平家物語』を作って、盲目の生仏《しようぶつ》という琵琶《びわ》法師に語らせたという。生仏は東国の人だったので、武士の生活や武術のことは、武士に訊《たず》ねて具体的な知識を得て、それを行長に書かせたのだという。『平家物語』の文章を作ったのは行長だが、ただ単に行長が盲目の生仏に書き与えて語らせたという単純な関係ではなく、二人の協力関係がなければ、貴族社会の人である行長に、武士のこと、合戦のことを生き生きと書くことはできなかったに違いない。『平家物語』は行長と生仏の合作であったと思われる。

生仏が盲目になる前に、文字を読む時期があったのか、生れながらの盲目であったのかはわらないが、文字を少しでも知っていたか、まったく知らなかったかによって、「祇園精舎の鐘の声、諸行無常の響あり。娑羅双樹の花の色、盛者必衰のことわりをあらはす」という巻頭の一行を、声として憶えるか、文字を思い浮かべながら憶えるのかという差が生れ、両者の間には、大きな違いがあったのではないかと思う。

琵琶法師の生仏は、盲目であったから、行長は自分が書いた『平家物語』の文章を、声に出して読み聞かせ、それを聞いた生仏は、琵琶を奏でながら語っていき、ことばを憶える。気の遠くなるような共同作業によって、『平家物語』の語りができ、その生仏の声技を、生仏亡き後も伝えたのは、数多くなった琵琶法師の集団の間に作られた中世特有の組織である座であった。琵琶法師の間に本はなかったが、『平家物語』の語りが広まると、語りの台本を読み、平曲を習いたいという人が現れ、語り本の『平家物語』が作られるようになった。

幕末維新以来の社会変動の中で平曲の座はなくなり、琵琶法師は姿を消した。大正・昭和の時代まで語りを伝えた館山甲午《たてやまこうご》（一八九四〜一九八九）を最後として、平家物語全巻を語ることのできる伝承者はいなくなったが、私たちは遺《のこ》された語りの記録によって、中世の声を偲《しの》ぶことができるのである。

この本の案ができるまでに、編集部の方々にいろいろお世話になったが、本のかたちになるところでは、担当の石戸谷奎さんを煩わせること大であった。御礼申し上げたい。

参考文献

本文中の引用は、つぎの本に依る。

第一章　親鸞の著述

親鸞聖人全集刊行会編『定本親鸞聖人全集』（第二巻～第四巻）法藏館、一九六九年

第二章　中世の手紙

『源氏物語』「若菜　上」　阿部秋生ほか校注・訳『源氏物語　四』（日本古典文学全集15）小学館、一九七四年
藤原為房の妻の手紙　久曾神昇編『平安仮名書状集』汲古書店、一九九二年
法然の手紙　東京国立博物館ほか編『特別展「法然と親鸞　ゆかりの名宝」』日本放送協会ほか、二〇一一年
日蓮の手紙　立正大学日蓮教学研究所編『昭和定本日蓮聖人遺文』（第一巻）総本山身延久遠寺、一九五二年
北条泰時の手紙　石井進ほか校注『中世政治社会思想　上』（日本思想大系21）岩波書店、一九七二年
恵信尼の手紙　親鸞聖人全集刊行会編『定本親鸞聖人全集』（第三巻）法藏館、一九六九年

第三章　世の移り行きを書く

松村博司校注『大鏡』（日本古典文学大系21）岩波書店、一九六〇年
『将門記』　山岸徳平ほか校注『古代政治社会思想』（日本思想大系8）岩波書店、一九七九年
岡見正雄ほか校注『愚管抄』（日本古典文学大系86）岩波書店、一九六七年
永積安明ほか校注『保元物語・平治物語』（日本古典文学大系31）岩波書店、一九六一年
三木紀人訳注『徒然草』（第四巻）講談社学術文庫、一九八二年

第四章　平家の物語

梶原正昭・山下宏明校注『平家物語』岩波文庫、一九九九年

あとがき

馬場光子訳注『梁塵秘抄口伝集』講談社学術文庫、二〇一〇年
『梁塵秘抄』　臼田甚五郎ほか校注・訳『神楽歌・催馬楽・梁塵秘抄・閑吟集』（日本古典文学全集25）小学館、一九七六年
菅野礼行校注・訳『和漢朗詠集』（新編日本古典文学全集19）小学館、一九九九年

大隅和雄（おおすみ　かずお）

一九三二年福岡県生まれ。日本史学者。東京女子大学名誉教授。一九六四年東京大学大学院人文科学研究科博士課程中退。網野善彦との共編著『大系　日本歴史と芸能』（平凡社・日本ビクター）で毎日出版文化賞特別賞を受賞。著書に『愚管抄を読む』『事典の語る日本の歴史』（講談社学術文庫）など。

シリーズ〈本《ほん》と日本史《にほんし》〉③

中世《ちゅうせい》の声《こえ》と文字《もじ》　親鸞《しんらん》の手紙《てがみ》と『平家物語《へいけものがたり》』

二〇一七年一月二二日　第一刷発行　集英社新書〇八六四D

著者……大隅和雄《おおすみかずお》

発行者……茨木政彦

発行所……株式会社集英社

東京都千代田区一ツ橋二-五-一〇　郵便番号一〇一-八〇五〇

電話　〇三-三二三〇-六三九一（編集部）
〇三-三二三〇-六〇八〇（読者係）
〇三-三二三〇-六三九三（販売部）書店専用

装幀……原　研哉

印刷所……凸版印刷株式会社　製本所……ナショナル製本協同組合

定価はカバーに表示してあります。

ISBN 978-4-08-720864-1 C0221　Printed in Japan

a pilot of wisdom

a pilot of wisdom

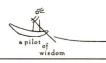

a pilot of wisdom

集英社新書　好評既刊

子規と漱石 友情が育んだ写実の近代
小森陽一　0854-F
高等中学の同窓生である正岡子規と夏目漱石。彼らが意見を戦わせ生まれた「写生」概念の成立過程を解説。

非モテの品格 男にとって「弱さ」とは何か
杉田俊介　0855-B
男が生きづらい現代、たとえ愛されず、承認されずとも、優しく幸福に生きていく方法を探る新男性批評！

淡々と生きる 100歳プロゴルファーの人生哲学
内田 棟　0856-C
田中角栄、佐藤栄作など著名人をレッスン、100歳の今も練習をするプロゴルファーの半生と信念を描く。

在日二世の記憶
小熊英二／髙賛侑／高秀美 編　0857-D
「一世」以上に運命とアイデンティティの問いに翻弄された「二世」50人の人生の足跡。近現代史の第一級資料。

中央銀行は持ちこたえられるか ―忍び寄る「経済敗戦」の足音
河村小百合　0858-A
デフレ脱却のため異次元緩和に邁進する政府・日銀。この政策が国民にもたらす悲劇的結末を示す警告の書。

〈本と日本史〉① 『日本書紀』の呪縛
吉田一彦　0859-D
当時の権力者によって作られた「正典」を、最新の歴史学の知見をもとに読み解く『日本書紀』研究の決定版！

チョコレートはなぜ美味しいのか
上野 聡　0860-G
微粒子の結晶構造を解析し「食感」の理想形を追究する食品物理学。「美味しさ」の謎を最先端科学で解明。

すべての疲労は脳が原因2〈超実践編〉
梶本修身　0861-I
前作で解説した疲労のメカニズムを、今回は「食事」「睡眠」「環境」から予防・解消する方法を紹介する。

「イスラム国」はテロの元凶ではない グローバル・ジハードという幻想
川上泰徳　0862-B
世界中に拡散するテロ。その責任は「イスラム国」ではなく欧米にあることを一連のテロを分析し立証する。

安吾のことば 「正直に生き抜く」ためのヒント
藤沢 周 編　0863-F
昭和の激動期に痛烈なフレーズを発信した坂口安吾。今だからこそ読むべき言葉を、同郷の作家が徹底解説。

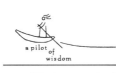